U0828253

含章 新实用

阅读图文之美 / 优享健康生活

图解跆拳道基础入门

李　军　主编

江苏凤凰科学技术出版社 · 南京

图书在版编目（CIP）数据

图解跆拳道基础入门 / 李军主编 . — 南京 : 江苏凤凰科学技术出版社，2023.2

ISBN 978-7-5713-3355-3

Ⅰ . ①图… Ⅱ . ①李… Ⅲ . ①跆拳道—图解 Ⅳ . ① G886.9-64

中国版本图书馆 CIP 数据核字（2022）第 236596 号

图解跆拳道基础入门

主　　编	李　军
责任编辑	祝　萍
责任校对	仲　敏
责任监制	方　晨
出版发行	江苏凤凰科学技术出版社
出版社地址	南京市湖南路 1 号 A 楼，邮编：210009
出版社网址	http：//www.pspress.cn
印　　刷	天津丰富彩艺印刷有限公司
开　　本	718 mm × 1 000 mm　1/16
印　　张	14.5
插　　页	1
字　　数	334 000
版　　次	2023 年 2 月第 1 版
印　　次	2023 年 2 月第 1 次印刷
标准书号	ISBN 978-7-5713-3355-3
定　　价	52.00 元

前言
Preface

跆拳道，一项既传统又现代的运动，源于朝鲜半岛，盛于韩国，现风靡全世界。

跆拳道之“道”

跆拳道推崇“以礼始，以礼终”的尚武精神，宗旨是“礼仪、廉耻、忍耐、克己、百折不屈”。练习跆拳道，不是为了好勇斗狠、恃强凌弱，而是为了培养人们顽强、果敢、坚毅的精神。在练习过程中，人的性格能够得到锤炼，使人摒弃怯懦、犹豫，变得积极向上、勇敢坚强；人的品德能够得到净化，使人懂得礼让、谦逊、宽容。

跆拳道还具有极强的技击、防身功能。实战训练时便是在速度与力量中体验美与和谐，同假设的敌人搏斗。每一次的出击都是“威武不能屈”的信念的强化，塑造的是一种崇高的人格魅力，培养的是一股浩然正气，是正义对邪恶的不屈与压制，为“正人”之道。

另外，跆拳道运动激烈、对抗性强，能有效提高人的反应速度、力量、灵敏度、耐力等，改善内脏器官和神经系统的功能。因此，进行跆拳道的练习，既可以防身健体，又能够因运动而健脑、益智、舒压，从而提高工作和学习效率。

跆拳道之发展

1980年，国际奥委会正式承认世界跆拳道联盟。1986年，跆拳道正式成为亚运会比赛项目。近年来，跆拳道在中国发展迅速，国内高校纷纷将跆拳道列入体育运动必修课程；全国各地道馆、会所如雨后春笋，越来越多的人开始爱上跆拳道。随着练习人群的低龄化，我们可以预

见，未来跆拳道在中国的发展将越来越广泛。

跆拳道之书

我们致力于打造一本既简单易懂又科学实用的青少年跆拳道入门书。在内容上，执行与国际标准接轨的教学体系，动作编排科学合理，由易到难，针对性强，循序渐进，尤其符合青少年生理和心理发育的特点，方便广大跆拳道爱好者学习；在装帧上，版式时尚，配图高清唯美，彩色印刷，让读者享受上佳的阅读体验；在产品形式上，随书附赠相关教学视频，扫码即可观看，教练亲自示范动作并详细讲解，真正实现平面与多媒体双重教学。

精心打造，只为奉献给所有跆拳道爱好者一本实用、好用的跆拳道教程佳作，让读者真正学好跆拳道，体验跆拳道之乐趣。

目录
Contents

第一章 什么是跆拳道

第二章 跆拳道基础入门

第三章 跆拳道的组合练习

第四章 跆拳道的品势进阶

第五章 跆拳道的实战技巧

第一章

什么是跆拳道

时尚而古老的拳术

跆拳道是经过远东文化发展起来的朝鲜传统武术，它的形成是历史的必然。当人类第一次学会保护自己时，跆拳道的原始特征就已经自然地形成。可以说，跆拳道的形成与发展历史，就像历史本身一样久远。让我们一起来感受跆拳道的悠久历史吧！

跆拳道从萌芽到发展为全球性运动，经历了漫长的过程。同所有新生而具有生命力的事物一样，跆拳道以其独特的优点与作用在曲折发展的道路上迎来了辉煌时代，奠定了它在体育运动及武术健身中的地位。

1. 古代跆拳道

朝鲜民族古时以农耕业及狩猎为生。为了获取食物、抵御野兽的袭击，人们在反复的实践中逐渐习得一些锻炼身体和参与战斗的方法。这些出自本能的“发明”，在社会进化的过程中逐步演化成有目的、有意识的斗技活动，这便是古代跆拳道的雏形。

2. 现代跆拳道

1975年，世界跆拳道联盟被正式接纳为国际体育联合会会员。1980年，国际奥委会正式承认世界跆拳道联盟。随后，跆拳道这项运动得到迅猛发展。1986年，跆拳道在第十届亚运会被列为正式比赛项目。1994年9月，经国际奥委会正式通过，跆拳道被列为2000年奥运会正式比赛项目，设男、女各四个级别。

现在，世界上基本形成以世界跆拳道联盟为主导的竞技跆拳道，其鲜明特点是以竞技为主、品势练习为辅；还有一种是国际跆拳道联盟倡导的以品势修炼为主、竞技实战为辅的跆拳道运动。

3. 我国跆拳道的发展

1992年10月7日，中国跆拳道筹备小组成立，标志着我国跆拳道运动的正式开始。1994年5月，首届全国跆拳道教练员和裁判员学习班在河北省举办。1994年9月，第一届全国跆拳道比赛在云南省昆明市举办，当时共有15个单位参加了比赛。1995年5月，共有22个单位参加了在北京体育大学举办的第一届全国跆拳道锦标赛。从此，跆拳道运动在我国迅速发展起来。

1999年6月7日，在加拿大埃德蒙顿举行的世界跆拳道锦标赛上，我国女运动员王朔战胜多名世界强手，获得女子55公斤级冠军，这是我国运动员获得的第一个跆拳道世界冠军。在第27届奥林匹克运动会上，陈中获得跆拳道女子67公斤以上级冠军；在第28届奥林匹克运动会上，罗薇获得跆拳道女子67公斤级冠军，陈中获得女子67公斤以上级冠军；在第29届奥林匹克运动会上，吴静钰获得跆拳道女子49公斤级冠军。随着这些运动员纷纷为国争光，跆拳道在我国的发展也进入快车道，更多年轻人的加入，令这一古老的拳术逐渐散发出时尚的光彩。

流传千年的跆拳道精神

跆拳道同中国功夫一样，都是东方传统文化的重要组成部分，具有浓厚的民族特色和传统精神。相关人士认为，修习跆拳道，可使人具备一定的反应力、判断力、统率力，并使人自信、自强、自立，培养卓越的个人品质。

1. 礼仪

这既是在社交场合被普遍接受的沟通与行为方式，也是很多圣人君子为了社会集体生活的和谐而定下的不成文纪律。想更好地学习跆拳道，我们应当努力遵守以下礼仪。

(1) 相互谅解。

(2) 对诽谤或侮辱他人的言行予以拒绝。

(3) 谦虚、互相尊重。

(4) 提倡人道主义和正义感。

(5) 老师与学员、前辈与晚辈的关系应明确。

(6) 处事要符合公良铁序。

(7) 尊重他人的所有物。

(8) 不论问题大小，坚持公平原则，慎重处理。

(9) 不送、不收意义含糊的礼物。

2. 廉耻

要学会分辨是非。一个人如果做错了事，不管是面对3岁孩童还是面对成年人，都应自惭形秽。需要注意避免以下言行。

(1) 不顾没有传授实力，俨然像有权威的老师，教给学员错误的知识，却不觉得羞耻。

(2) 示范时为了炫耀威力，把粘好的、裂开的松板或有裂纹的砖头作为击打道具，还厚颜无耻地向观众或学员炫耀。

(3) 过分奢侈地装饰道场或以假奖状、假奖杯装饰办公室，用虚伪的热情获取学员们的欢心，来隐瞒自己的无能。

(4) 炫耀超过其实力以上的段或级，或者用钱买段级也不觉羞耻。

(5) 任何以私利或炫耀假武力为目的的行为。

(6) 不是为了培养优秀的弟子，而是以盈利为目的运营道场，向学员无理收取钱物或出卖证明书。

(7) 言行不一致、不守信用。

(8) 向晚辈询问有关技术意见而感到羞愧。

(9) 为了私利奉承于权力，作为武道人而忘记应遵守的基本守则，却摆出武道人的样子耍威风。

3. 忍耐

忍是德。有句古语说“忍一百遍能使家庭和睦”，即能忍的人可得到幸福与温暖。在跆拳道中，无论是持有高段的人还是技术完美无缺的人，想做成任何一件事，首先要设定一目标，再以持久的忍耐力不断地向目标迈进，才能如愿以偿。

据说，14世纪，罗伯特·布鲁斯由于屡次战败而自暴自弃时，看到一只小小的蜘蛛在树枝上织网，失败7次，还继续努力编织，第8次终于成功。他由此重新得到勇气，终于成为苏格兰国王，使苏格兰得到解放。这想必就是忍所带来的成就。因此，作为跆拳道人，不管遇到什么困难，忍耐并克服它，才是有效的进阶方法之一。

4. 克己

不论道场内外，克制自己着实很重要。如在自由对打时，因某些失误，被下级或同僚击打，若此时不能克制自己，感情用事，加以攻击，将容易酿成事故。而且，不谦虚、不节制、没有分寸地生活、盲目羡慕他人、爱慕虚荣，也将失去作为武道人的资格。《道德经》有言：“知人者智，自知者明；胜人者有力，自胜者强。”

5. 百折不屈

有个记载广泛流传于世的勇敢战斗的简朴碑石，碑文上写道：“这里安息着尽全部义务的三百名勇士。”这是说李奥尼达斯和他最勇敢的300名部下在温泉关与强大的薛西斯对战时，向全世界展示了什么叫百折不屈的精神。他以勇敢和坚强的意志面对占有绝对优势的敌人，丝毫不屈服、不畏惧，坚持奋战到最后，体现了百折不屈的勇气。

一个真正的跆拳道人是谦虚、正直的，也是充满勇气的。不论敌方是谁，其人数有多少，都应丝毫不畏惧，果断地向前迈进。《论语》中多次表达这样的思想，如“见义不为，无勇也”“士不可以不弘毅，任重而道远。仁以为己任，不亦重乎？死而后已，不亦远乎”等，大意是说：明知是正义也不敢大声高喊，更不敢站出来的人，是没用的胆小鬼；向着既定目标，以百折不屈的精神，正直地倾注一切精力，就不会失败。这也是跆拳道的精神。作为跆拳道练习者，更要时刻秉持这样的精神。

受众广泛的健康运动

练习跆拳道，让人感觉英姿飒爽，充分体现了力与美的运动魅力。在比赛或实战时，双方腿法技术在对抗中高来低往，不仅给人以美的享受，还能激发人的斗志，让身体爆发出前所未有的活力，在增强体魄的同时，展现一往无前的精神力量。

1. 使男性身形健美

男性练习跆拳道，让身形健美，身体轻盈敏捷。跆拳道运动不同于显示力量的运动，不是锻炼出强壮而凸出的肌肉，而是使无力的脂肪组织变成肌肉，使身体变得轻盈敏捷，让男性的胸肌和腹肌更加健美；通过踢腿、闪腰、单手攻击或防御，能使下腹的肌肉更加强健。而且，通过抬高腿、踢腿的动作，可锻炼侧腰部和大腿内侧的肌肉。

2. 使女性身材匀称

女性练习跆拳道，令身材匀称，保持青春活力。不仅如此，练习跆拳道时，可以通过深呼吸和血液循环来排出人体内的废弃物，提高人体内脏器官的功能和人体神经系统的灵敏度，增强人体的击打和抗击打能力，令身体更加健康。跆拳道通过科学性修炼和广泛的全身运动，能扩张血管，减少血流阻力，增加供血量，可以提高对心脏和肺的供氧量，增强肺功能，加快机体新陈代谢，令身体充满活力。

3. 提高防卫能力

练习跆拳道可以提高防身和自卫的能力。跆拳道运动紧张激烈，对抗性极强，能锻炼身体各关节的灵活性及肌肉的伸展、收缩能力，提高速度、灵敏度和耐力，促使身体素质协调、全面发展，具有强身健体的作用。练习者在比赛或平时训练中要经常发挥临场应变能力，或是快速进攻，或是主动后撤再反击，或是腾空踢腿，或是后踢接后旋踢，这些动作都有助于提高神经中枢的灵敏度，以及其支配各器官的能力。通过攻防练习，增强人体的抗击打能力，可以掌握实用技术和提高防身自卫的能力。

4. 锻炼意志

练习跆拳道还可以锻炼人的坚强意志。跆拳道讲究赤手空拳进行训练，所以训练时会经历一些身体的痛苦，所谓“天将降大任于是人也，必先苦其心志，劳其筋骨”。上百次的摔打，历练的是顽强果断、吃苦耐劳的精神，培养出积极向上的品质。

5. 培养高尚品格

崇尚礼仪，培养高尚品格。跆拳道推崇“以礼始，以礼终”的尚武精神，以“礼仪、廉耻、忍耐、克己、百折不挠”为宗旨。“礼仪”是人类要遵守的社会规范；“廉耻”即要学会分辨是非；“忍耐”说明忍即是德；“克己”就是懂得约束自己；“百折不挠”代表坚持不畏。这就是说，通过跆拳道的训练，可以培养练习者坚韧不拔、勇敢无畏、顽强坚毅的意志与品质。跆拳道尤其讲究“未曾学艺先学礼，未曾习武先习德”，使练习者养成谦虚、宽容、礼让的优良品德和尊师重道、讲礼守信、见义勇为的高尚情操。

跆拳道的优雅礼仪

礼仪是跆拳道基本精神的具体体现，又被称为“礼节”。对礼仪的认识和掌握，是跆拳道运动十分重要的组成部分。

跆拳道练习虽然以格斗形式进行，但是不管它怎样激烈，由于双方都是以提高技艺和磨炼品质为目的，所以在各自内心深处都必须保持尊敬对方和向对方学习的态度。跆拳道是练习者精神与身体的综合修炼，练习者在磨炼中培养出理想的人格和强健的体魄，并能够真正掌握防身自卫的本领。

礼仪是跆拳道练习过程中必须具备的行为规范。谦逊的言语、友好的态度、虚心的作风也是跆拳道练习者必须遵循的重要礼仪。练习时必须衣着端正、头发整洁，对教练、同伴抱着尊敬、友好、谦虚、互助互学的态度。

礼仪不只是形式上的表现，更要发自内心地去实施，在长期练习和比赛的过程中，逐渐将礼仪形式转化为心理动力。训练之余，无论是在学校或家中谈话、用餐、打电话、介绍他人或访问亲友，都要按一定的礼仪进行，将礼仪意识带到生活、学习及工作的各个方面，培养克己礼让、宽厚待人的处事风格和恭敬谦逊的优良道德品质。

1 立正敬礼

立正是最基本的礼仪，身体直立象征着一个人内心的正直，同时可以表达出对他人的恭敬与尊重；而敬礼就是更进一步表达礼貌与敬重的礼仪形式。

动作要点

立正：双脚靠拢，双手握拳自然下垂，放在身体两侧，拳心向内，目视前方。

敬礼：腰弯 45°，头低 30°。

立正图

敬礼图

② 向国旗致敬

国旗是一个国家的象征。跆拳道礼仪中向国旗致敬，表达了练习者对国家的忠诚和对民族的热爱。

动作要点

在立正的基础上，右手四指并拢伸直，拇指内屈，紧贴在虎口位置，右手置于左胸口前，收腹挺胸，目视国旗 5 秒。

向国旗致敬图 ①

向国旗致敬图 ②

3 学员之间敬礼

学员之间互相敬礼，表达了对同伴的友爱，同时也培养了学员间的合作互助精神。这是练习者在学习、生活和工作中都不可少的一种良好品质。

动作要点

在立正的基础上，学员面对面保持一定的距离，腰弯 45°，头低 30°，相互敬礼。

学员之间敬礼图 ❶

学员之间敬礼图 ❷

4 准备势

准备势图 ❶

准备势图 ❷

准备势图 ❸

准备势图 ❹

跆拳道每个动作开始之前都要做准备姿势，用以说明练习者精神状态与身体状态已准备充分，可以进行正式的训练。

动作要点

在立正的基础上，左脚向左跨出一步，两脚之间保持一脚掌距离；双手四指并拢、拇指伸直，由下向上慢慢握拳，四指逐次握紧第一、第二、第三指关节，拇指放在食指和中指的第二指关节处。双拳旋转，慢慢向下至腰带位，双拳与腰带之间保持一拳距离，两拳中间同样保持一拳距离，拳心向下。整个过程大概需要 8 秒。

准备势图 ❺

准备势图 ❻

丰富多彩的跆拳道品势

品势，即中国武术所称的套路，跆拳道又称“型”，英文为“Form”。品，代表动作姿势；势，有运动的含义。它是以技击动作为素材的一种自我修炼的方法，根据假设对方进行攻守进退、刚柔虚实、动静分明等运动变化的规律编成的练习形式。通过品势练习，可熟练掌握运用跆拳道的各种专项技能，有效提高身体素质，为实战打下坚实的基础。

品势运动是韩国跆拳道的一个特有的表现形式，不少动作在技术规格、运动幅度等方面与技击的原形动作有所变化，但是动作方法仍然保留了技击的特性。即使因连接贯串及演练技巧上的需要，穿插了一些不一定具有攻防技击意义的动作，然而就整套技术而言，主要的动作技击特点是通过一招一式来表现的。

品势运动尽管包含丰富的技击方法，但其宗旨是通过套路演练以提高人的身体素质和能力，在技术要求上与实用技术有一定的区别；实战运动的技术更接近实用技术，但由于受竞赛规则的约束，亦将其限制在体育竞技运动之内。

跆拳道品势内容非常丰富，因此，如何学习跆拳道的品势，是每一位跆拳道初学者最关心的问题。跆拳道的品势有很多种，主要有太极、高丽、金刚、太白、平原、十进、地跆、天拳、汉水、一如等。太极是基础，是跆拳道的雏形，而高丽、金刚、太白、平原、十进等则是跆拳道品势的高级形式，其不少动作在技术规格和运动幅度等方面都有了进一步的发展，包含丰富的技击方法，是进行实战的基础。多练习并掌握好品势，能提高实战的技术水平。

1. 高丽

高丽时代，各种体育活动很受人们的喜爱，由于历史原因，尚武之风非常盛行。为了提高民族素质，抵御外来侵略，保卫自己的家园，高丽人创编了高丽品势动作。

它的演武线用“士”表示。它象征着斗士般骁勇，是以自然体后（前）屈立势、骑马、交叉立、高前屈立、并步站立势等为基本姿势，拳、手刀、贯手中段、下段，以及肘、膝、脚法的攻防动作相互使用，共同构成该品势的内容。

这组动作展示出各种优美的姿态，且含有精巧奥妙之技术。这一品势所表现的是继承先辈的精神，并且将节奏和缓慢性表现无遗。经常练习，可以锻炼身体的柔韧度，加强跆拳道的技击爆发力。

2. 金刚

金刚在智、德方面非常坚固，拥有不受外部强烈攻击而遭受伤害的力量。如今在韩国庆州石窟庵入口处还雕刻着金刚力士，展现其力举天下的雄壮气势。

金刚是以前（后）屈立势、骑马势、鹤足立势等姿势，结合推掌、贯拳、击肘、双手攻、双手内防、双腕前防等攻防动作相互使用而构成的品势。全套共27个动作，其演武线是“山”字形，因此，运用了许多霸王举鼎（山形防御）的动作，具有刚烈朴实、动作变幻莫测的特点。演练时，由演武线上端，向“山”之方向练下来。

此势较高丽要更加迅猛与刚烈，可以锻炼肌肉的耐力及对击打的防御能力。

3. 太白

太白是根据太阳运转的规律演变而构成的品势，是以准备势、前（后）屈立势、猫足立势、鹤足立势等为基本姿势，结合手刀金刚防、双手刀侧下防、螳螂单刀防、金刚胴体防、防手刀、正拳、截拳、抄拳、前踢、侧踹等攻防动作相互使用。全套共27个动作，其演武线是“工”字形。演练时，动作快速敏捷、灵巧，讲究内外兼备、形神合一。

此势主要在于锻炼人的脑力和体力，使二者高度结合起来，在实战时更能发挥攻防的威力。

4. 平原

所谓平原，乃是由地球表面之四周延伸到至广至远处，是象征和平的创造神的伟大杰作。 平原形是以光滑无限且象征和平的平原为根据，混合地心力，再借着动作表现出来的。平原是以自然体势、前（后）屈立势、猫足立势、鹤足立势等为基本姿势，结合弹拳、反拳、手刀下防、侧防、防手刀、山形防御、金刚防御、击肘、前踢、侧踹等攻防动作相互使用而构成品势的内容。全套共25个动作，演武线是“一”字形。

演练时，力量要表现得和缓，从而将平原之广大无边的思想表露无遗。此势更能锻炼人的精神，开阔心胸；动作全面，柔中带刚，在强壮身体的同时，也能提高身体的灵活度。

5. 十进

十进是以准备势、前（后）屈立势、骑马势、自然体势、交叉立势、猫足立势等为基本姿势，结合正拳、戳拳、弹拳、贯手、击肘、前踢、辅手内腕防、手刀胸前解脱、十字防、防手刀等攻防动作相互使用而构成的品势。全套共31个动作，其演武线是“十”字形。在演练时，对身体柔韧度和灵活度的要求更高，并且要求动作的变化达到一种无限的境界，从而使身心得到合理的调节，储藏“一触即发”“排山倒海”的能量，在进攻时“势不可当”，防守时“收发自如”。

选择适合自己的跆拳道服装

1. 跆拳道道服

跆拳道有特定的道服、道鞋和腰带。道馆式跆拳道要求穿整洁的道服参加练习，不允许穿其他服饰进入练习场地。道服一般为白色，意指超凡脱俗。道服有规定的叠法，在正常的情况下，道服挂好后是不允许别人碰的。不穿道服时，应将其整齐叠好。

2. 护具及穿戴方法

实战或比赛时，运动员必须穿戴护具。护具包括头盔、护甲、护裆、护前臂、护脚胫。其中，护裆、护前臂、护脚胫穿戴在道服内。女运动员必须穿戴女用护裆、女用护胸，同样也穿于道服内。

跆拳道运动员的护具分1～5号，号数越小，护具越小。1号适用于儿童，2号适用于少年或成年女子，3号则适用于男子50公斤、54公斤或58公斤级及女子51公斤、55公斤或60公斤级运动员，4号适用于64公斤、70公斤或76公斤级运动员，5号则仅适用于83公斤级或个子很高的运动员。

戴头盔时不要遮住眼眶，用下巴处的松紧皮筋固定，不能过紧或过松。如觉头盔过紧，可调换大一号的，或者将头盔顶部的细绳松开少许。

穿护甲时，上面两条绳按对角线方向相系，下面两条水平相系，注意不要过松或过紧。过大的护甲会影响腿部的发力。

护臂应戴于前臂外侧，这一部位经常用于格挡，会遭到沉重的踢击；护脚胫应穿于迎面骨（胫骨）上；护裆要佩戴端正。

3. 跆拳道专用脚靶、沙袋

在跆拳道训练中，脚靶是必不可少的训练器材，外形酷似鸡腿，有单瓣、双瓣两种。双瓣的脚靶被踢击时会发出异常清脆的响声，可检验发力是否充分，并容易令练习者越踢越兴奋。而且脚靶能使脚法更具有穿透力，收回速度更快，更易踢中移动的目标。

跆拳道的沙袋一般重40～50公斤，比拳击、散打的训练沙袋略小，面料有帆布、仿皮、真皮等几种。

练习开始前的热身运动

热身运动在所有运动中都是必不可少的。跆拳道作为一项武术健身运动，对练习者的身体有严格的要求。相关的身体部位，包括头、腿、关节需要被保护，手和脚则经常要做迅猛的击打动作，踢腿和拳击更需要爆发力。为了防止出现肌肉抽筋、韧带和筋腱拉伤等伤害，在每次训练之前，需要做相应的热身准备。

建议在每次训练之前，把本章所介绍的热身动作都做一遍。热身时须谨慎、有耐心，根据自身体质，掌握自己的限度，不要勉强自己做完成不了的动作，能达到热身效果即可。

1 颈部运动

动作要点

双脚分开站立，与肩同宽。把双手叉放在腰上，慢慢低头，直至下巴碰到胸口，再向后仰，做 2 次。然后向左侧做 2 次，再向右侧做 2 次。最后慢慢顺时针转头 360°，重复做 8 次（8 圈）。

颈部运动图 1

颈部运动图 2

颈部运动图 3

颈部运动图 4

2 肩关节运动

肩关节运动图 1

肩关节运动图 2

肩关节运动图 3

动作要点

双脚分开站立，与肩同宽。双手放于肩膀上方，双手臂向前旋转，1 圈为 1 次，8 次为 1 拍，做 2 拍；然后双手臂向后旋转，同样做 2 拍。

3 手臂运动

手臂前后旋转

手臂前后旋转图 ①

手臂前后旋转图 ②

手臂前后旋转图 ③

动作要点

双脚分开站立，与肩同宽。双手臂向前平伸，由前向后旋转，1 圈为 1 次，8 次为 1 拍，共做 2 拍；以同样的方法向反方向旋转，同样做 2 拍。

手臂扩展

动作要点

双脚分开站立，与肩同宽。双手握拳，平放于胸前，向后扩展至手臂张开伸直，然后手臂回到胸前为 1 次。8 次为 1 拍，共做 2 拍。

手臂扩展图 ❶

手臂扩展图 ❷

手臂扩展图 ❸

左右振臂

左右振臂图 ❶

左右振臂图 ❷

左右振臂图 ❸

动作要点

双脚分开站立，与肩同宽。双手握拳，平放于胸前并保持不变，上身向左后方旋转、回正为 1 次，做 2 次，然后向右后方旋转、回正，做 2 次。8 次为一拍，共做 2 拍。

4 腰部运动

抬手侧腰

动作要点

双脚分开站立，与肩同宽。左手叉腰，右手握拳放在头上方，身体倾向左侧 2 次；以同样的方法，身体倾向右侧 2 次。8 次为 1 拍，共做 2 拍。

抬手侧腰图 ❶

抬手侧腰图 ❷

腰部旋转

动作要点

双脚分开站立，与肩同宽。双手叉腰，由左向右旋转，旋转 1 圈为 1 次，8 次为 1 拍，做 1 拍；以同样的方法由右向左旋转，做 1 拍。

腰部旋转图 ❶

腰部旋转图 ❷

腰部旋转图 ❸

5 膝关节运动

双脚并立屈膝

动作要点

双脚靠拢，双手扶着膝盖，呈半蹲姿势。身体向下蹲 2 次，然后双腿伸直，向后振压膝盖 2 次。8 次为 1 拍，共做 2 拍。

双脚并立屈膝图 ❶

双脚并立屈膝图 ❷

双脚并立屈膝图 ❸

双脚并立旋转

动作要点

双脚靠拢，双手扶着膝盖，呈半蹲姿势。身体由右向左旋转，旋转 1 圈为 1 次，8 次为 1 拍，做 1 拍；以同样的方法向右旋转，做 1 拍。

双脚并立旋转图 ❶

双脚并立旋转图 ❷

双脚并立旋转图 ❸

双脚开立屈膝

动作要点

双脚分开，双手扶着膝盖，呈半蹲姿势。身体向下蹲 2 次，然后双腿伸直，向后振压膝盖 2 次。8 次为 1 拍，共做 2 拍。

双脚开立屈膝图 ❶

双脚开立屈膝图 ❷

双脚开立屈膝图 ❸

双脚开立旋转

动作要点

双脚分开，双手扶着膝盖，呈半蹲姿势。双腿由内向外旋转，旋转 1 圈为 1 次，8 次为 1 拍，做 1 拍；以同样的方法由外向内旋转，做 1 拍。

双脚开立旋转图 ❶

双脚开立旋转图 ❷

双脚开立旋转图 ❸

6 腿部运动

侧压腿

动作要点

下蹲，右腿弯曲，左腿贴地，向左侧伸直，左手放到左膝盖下方位置，右肘放于右腿内侧，将右腿向外撑开，左手下移至脚踝处，身体顺着左腿方向振压，振压 8 次为 1 拍，做 1 拍；以同样的方法压右腿，做 1 拍。

侧压腿图 ❶

侧压腿图 ❷

侧压腿图 ❸

侧压腿图 ❹

蝴蝶展翅

动作要点

坐在地上，双腿弯曲，脚掌相对，同侧大、小腿尽量靠拢，双手抱住脚尖，两腿分别向下振压，振压 8 次为 1 拍，做 1 拍；然后身体向前下方俯压，做 1 拍。

蝴蝶展翅图 ❶

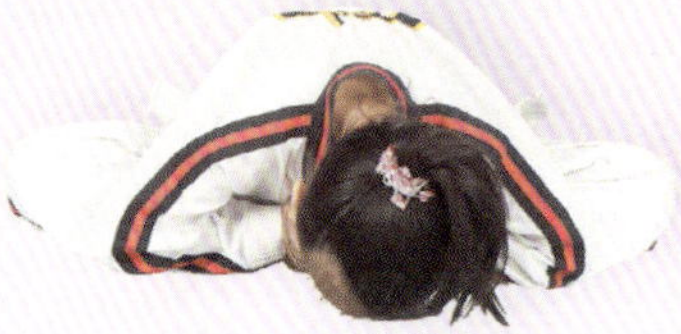

蝴蝶展翅图 ❷

第二章

跆拳道基础入门

跆拳道的基本手法

跆拳道中的手法是进攻和防御的重要手段之一。只有善于灵活运用各种攻防手法，才能保证在进攻时，顺利击中对手的有效部位；也才能保证在防御时，使对手的攻击无法奏效。在练习跆拳道时，一定不能忽视对手法的练习。

1 正拳

正拳也叫“冲拳”“直拳”，在跆拳道的品势练习及竞技比赛中经常使用。正拳的出拳刚劲有力，常用来击打对手的胸部、腹部等位置。

动作要点

在马步的基础上，双手握拳，放在两侧腰带部位，左手手臂向内旋转发力，手臂伸直，向前方击出。右手正拳也采用同样的方法。

教练提示

双手握成拳时，手掌除拇指外，其他四指并拢，拇指内屈，紧贴在虎口位置。正拳使用的是食指和中指关节根部的凸出部分来击打目标。

正拳图 1

正拳图 2

2 锤拳

锤拳的握法与正拳相同，但它使用的是小指侧边的柔软部位来击打目标。

动作要点

在马步的基础上，左手向前伸直，手掌张开，右手握拳向上举起，拳心向内，虎口朝上；右拳向前方正中间下锤击，用小指侧边的柔软部位击打左手掌。

教练提示

右拳锤击的时候拳头要握紧，不可松动。

锤拳图 1

锤拳图 2

3 外摆拳

外摆拳与其他拳法不一样的地方是，它出拳时手臂是向外旋转发力，使用拳的背部来击打目标。

教练提示

使用外摆拳时，手臂向内有一定的弯曲，它与后面要讲到的内挡防御比较相似。

外摆拳图 1

外摆拳图 2

外摆拳图 3

动作要点

在马步的基础上，双手握拳，手臂交叉，右拳放在左边腰带位置，左拳放在右肩上。两手在胸前交叉而过，右手由下往上向外旋转发力，利用拳的背部击打目标，左拳由上往下，放到左边腰带位置。

4 后摆拳

后摆拳与外摆拳都是使用拳的背部击打目标，它在实战中经常能给对手出其不意的攻击。

教练提示

用后摆拳击打目标时，手臂是伸直的，虎口朝上。

动作要点

在实战姿势的基础上，手臂交叉，右拳放在左边腰带位置，左拳放在右肩上，同时以右脚脚掌为轴，身体向右后转 180°，站成相反的实战姿势；紧接着右拳迅速向前击出，以拳的背部击打目标，左拳收回于左边腰带位置。

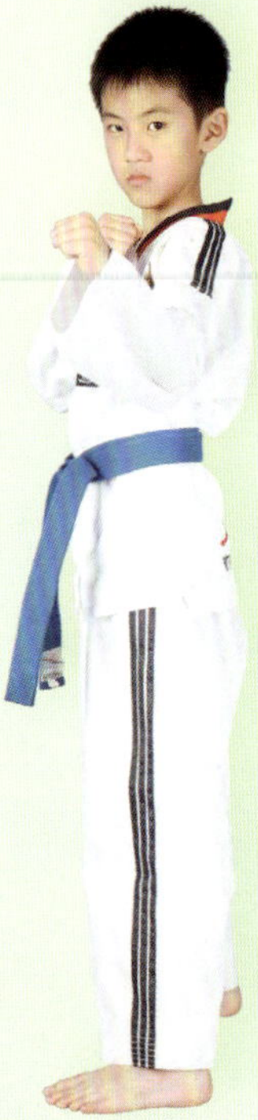

后摆拳图 ❶

后摆拳图 ❷

后摆拳图 ❸

后摆拳图 ❹

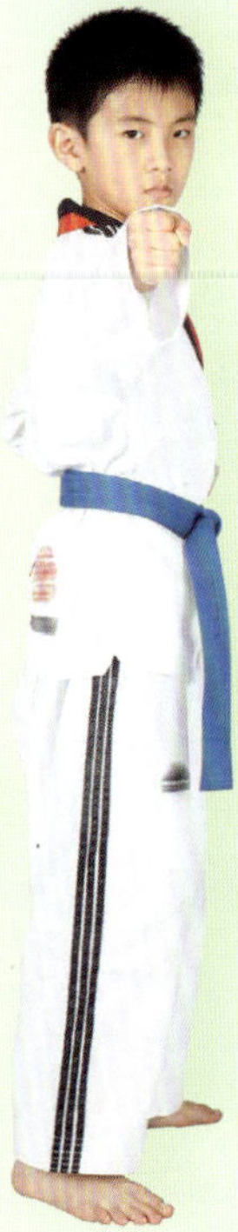

后摆拳图 ❺

5 上勾拳

上勾拳的握法和正拳一样，也是使用食指和中指关节根部的凸出部分攻击目标。

动作要点

在弓步的基础上，双手握拳，左手向前伸直，右拳放于右边腰带位置；紧接着右手握拳向上勾，手臂向内弯曲，左手握拳放在右臂上。

上勾拳图 ❶

上勾拳图 ❷

上勾拳图 ❸

6 内勾拳

内勾拳与上勾拳都属于勾拳，但它们的攻击方位不同。

动作要点

在马步的基础上，双手握拳，左拳向前伸直，右拳放于右边腰带位置；紧接着右拳先向外扩展再旋转向前发力，左拳收至左边腰带位置。

内勾拳图 ❶

内勾拳图 ❷

内勾拳图 ❸

内勾拳图 ❹

教练提示

出内勾拳时，手臂与肩膀平行，并且向内弯曲成 90°，虎口向内。

7 单手刀

内砍

单手刀是指一只手呈手刀姿势，另一只手握拳，用手刀对对手进行强有力的砍击。单手刀根据砍击方向的不同，可以分为内砍和外砍两种。

动作要点

在马步的基础上，右手四指并拢，拇指内屈，紧贴虎口位置，放于肩膀外侧；左手握拳，手臂伸直，拳心向下。右手由外向内旋转横砍，用手掌外侧的软骨部位击打目标。右手向内横砍的同时，左手贴着身体向后顶肘，拳心向上。双手同时发力，各占 50% 的力量，目视目标。左右手可以相同的方法互换手刀。

内砍图 ①

内砍图 ②

内砍图 ③

教练提示

在练习过程中，用腰和肩膀送力，力达手掌外沿。

外砍

教练提示

在练习过程中，用腰和肩膀送力，力达手掌外沿。

动作要点

在三七步的基础上，双手臂交叉，左手四指并拢，拇指内屈，紧贴虎口位置，掌心向内，置于右边腰带位置；右手握拳，位于左肩，拳心向内。左手刀由下向外横砍，用手掌外侧的软骨部位击打目标。左手向外横砍的同时，右手贴着身体向后顶肘，拳心向上。双手同时发力，各占 50% 的力量。右手外砍以同样的方法。

外砍图 ❶

外砍图 ❷

外砍图 ❸

8 双手刀

动作要点

在三七步的基础上，双手四指并拢，拇指放在虎口位置，掌心向内，左手位于右边腰带位置，右手臂向后伸直；左手由后向前旋转横砍，掌心向前倾斜 45°，用手掌外侧的软骨部位击打目标；右手由后向前平刺，掌心向上。双手同时发力，各占 50% 的力量。

双手刀是指两只手都呈手刀姿势，用两只手的手掌外侧位置击打对手。

教练提示

在双手刀准备时，右手向后伸直，位置处于腰带和肩膀之间，不能低于腰带部位，也不能高于肩膀，掌心向下。

双手刀图 ❶

双手刀图 ❷

双手刀图 ❸

9 背刀

背刀也称“逆手刀”，动作要领与单手刀相同，但使用的部位是食指侧部。除了用于砍击对手的颈侧动脉，还可以顺着对手大腿的内侧进攻对手的裆部。

动作要点

在马步的基础上，右手四指并拢，拇指内屈，紧贴虎口位置，放于腰带部位，掌心向上；左手握拳，手臂伸直，拳心向下。右手刀由外向内砍击，用虎口和食指外侧击打目标。右手刀砍击的同时，左掌贴着身体向后顶肘。双手同时发力，各占50%的力量。

教练提示

在用背刀砍击的同时，手臂要向内旋转。

背刀图 ❷

背刀图 ❶

背刀图 ❸

10 推掌

推掌和手刀的姿势比较相似，但是手背要稍微往手腕处靠拢。使用手掌下部肉多的部位，主要用于格斗时推击对手的下颌或颈部。

教练提示

推掌时力量要大、速度要快。

动作要点

在弓步的基础上，右手四指并拢，拇指内屈，紧贴虎口位置，手掌绷紧，掌心向前，放于右肩外侧；左手握拳，手臂伸直，拳心向下。右手从后向前直推，用掌根发力击打目标；右掌向前推的同时，左拳贴着身体向后顶肘。双手同时发力，各占50%的力量。左右手推掌是同样的方法。

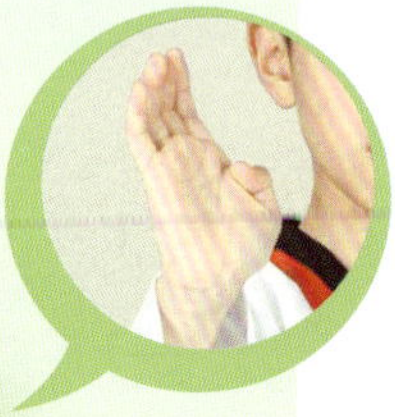

推掌图 ②

推掌图 ①

推掌图 ③

11 熊掌

熊掌的握法和手刀相同，但是全部手指在第二指关节处弯曲，拇指和食指之间要稍微打开。

教练提示

注意拇指弯曲，紧贴在虎口位置，但不能紧贴食指，要稍微分开。在击打时，把力量集中在四指的第二指间关节处。

动作要点

在马步的基础上，右手四指并拢，拇指弯曲，四指第一、第二指关节处弯曲，掌心向上；左手握拳，手臂伸直，拳心向下。右手由后向前旋转，用四指的第二指间关节部位击打目标，掌心向内。右手旋转击打的同时，左手贴着身体向后顶肘，拳心向上。双手同时发力，各占 50% 的力量。目视目标。

熊掌图 ①

熊掌图 ②

熊掌图 ③

12 掌击

掌击与推掌比较相似，都是使用手掌下部肉多的部位来击打目标，但是它们的掌形与发力方式有所不同。

教练提示

在手掌击出时，注意借用腰力使身体转动，加强掌击的力量，加快拳击速度。掌击也可以配合虎足步来练习。

动作要点

在前行步的基础上，右手四指并拢，拇指紧贴虎口位置，手掌绷紧，位于右肩后侧；左手握拳，手臂伸直，拳心向下。右掌由后向前击出，手掌竖起，用手掌外侧的根部击打目标。右掌击打的同时，左手贴着身体向后顶肘，拳心向上。双手同时发力，各占50%的力量。

掌击图 ❶

掌击图 ❷

掌击图 ❸

13 内挡防御

在跆拳道实战中，内挡防御主要用于保护胸口部位，防守对方的攻击。

教练提示

腰板挺直，收腹挺胸，目视前方；在练习的过程中，每个动作都要发出声音，力达手腕。

动作要点

在马步的基础上，双手握拳，左臂伸直，拳心向下；右手臂弯曲，放于右侧肩膀外侧，由后向前内旋转，拳心向内，与肩同高。右手旋转的同时，左手贴着身体向后顶肘，拳心向上。双手同时发力，各占 50% 的力量。左右手防御的方法相同。

内挡防御图 ❶

内挡防御图 ❷

内挡防御图 ❸

14 外挡防御

外挡防御与内挡防御相反，拳心向外，从而将对方的进攻抵挡在外。

教练提示

左右拳格挡的高度要与肩膀持平。

动作要点

在马步的基础上，双手握拳，手臂交叉；右拳置于左边腰带位置，左拳位于右肩上，拳心向内。右手臂由下向外旋转，与肩同高，拳心向下；右手旋转的同时，左手贴着身体向后顶肘，拳心向上。双手同时发力，各占 50% 的力量。左右手防御的方法相同。

外挡防御图 ❷

外挡防御图 ❶

外挡防御图 ❸

15 上挡防御

在跆拳道比赛中，攻击对方头颈部能够使运动员得到更多的分数。为保护头颈部不受到对方击打，上挡防御是经常用到的一种防御技法。

教练提示

在练习的过程中，两手臂交叉，身体放松，力达手腕。

动作要点

在马步的基础上，双手握拳，手臂平行后交叉。左拳位于右边腰带位置；右拳置于左肩上，拳心向内。左手由下向上旋转至头顶，拳心向前，手臂与头保持一拳的距离。左手向上旋转的同时，右手贴着身体向后顶肘，拳心向上。双手同时发力，各占50%的力量。目视前方。左右手防御的方法相同。

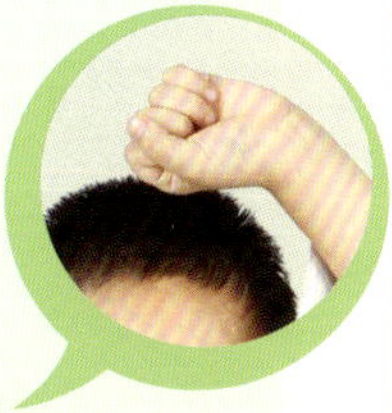

上挡防御图 ❷

上挡防御图 ❶

上挡防御图 ❸

16 下挡防御

在跆拳道实战中，当对方向着自己的髋关节以下位置进行攻击的时候，下挡防御能起到很好的防守作用。

教练提示

右掌向下旋转时要顺着左手臂，伸直时，手臂发力要干脆利落。

动作要点

在马步的基础上，双手握拳；左拳位于右边腰带位置，拳心向内；右拳置于左肩上，拳心向内。右手顺着左手臂向下旋转，伸直，拳心向下，与大腿保持两拳的距离。右手旋转的同时，左手贴着身体向后顶肘，拳心向上。双手同时发力，各占 50% 的力量。左右手防御的方法相同。

下挡防御图 ❷

下挡防御图 ❶

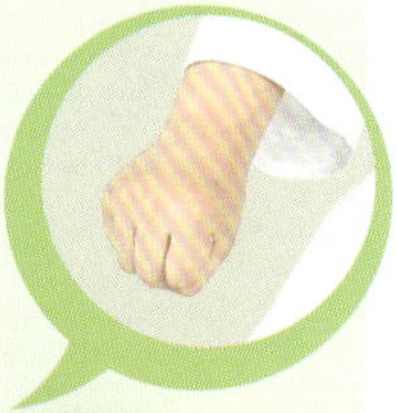

下挡防御图 ❸

17 手刀防御

不管是用于进攻还是防御，手刀都比较厉害。当对手占有进攻优势时，则可以采用手刀来进行防御，主要使用手掌的外侧部位。

教练提示

在练习时，目视手刀的方向。

动作要点

在马步的基础上，左手四指并拢，拇指内屈，紧贴虎口位置，置于右边腰带位置，掌心向内；右手握拳位于左肩上，拳心向内。左手刀由下向外，再向上旋转格挡，手指与鼻子约在同一水平高度。左手旋转的同时，右手向后顶肘，拳心向上。双手同时发力，各占50%的力量。左右手防御的方法相同。

手刀防御图❶

手刀防御图❷

手刀防御图❸

跆拳道的基本步法

跆拳道的规则要求练习者主要用腿攻击和防守反击，因此练习者的步法是否灵活，在一定程度上决定了进攻和防守是否能够达到目的，这也使得步法训练在跆拳道训练中占据着重要的地位。刚开始学习跆拳道时，需要用较多的时间来进行专门的步法练习。

1 实战姿势

跆拳道实战姿势又被称为“格斗式”，是跆拳道实战中的准备姿势，也可以作为很多技法动作的起始姿势。

教练提示

注意右腿后退及身体向右后转时，双腿不能弯曲。左右腿可以用相同的方法交换位置，同样为实战姿势。

动作要点

在准备姿势的基础上，左腿在前，右腿后退一步，同时身体向右后转 180°，双手保持握拳状态并举于胸前，目视前方。

实战姿势图 1

实战姿势图 2

2 开立步

开立步是跆拳道步法中最简单的步法，又被称为“自然立”，就是我们平时自然站立的姿势。

教练提示

目视前方，腰板挺直，收腹挺胸。

动作要点

在立正的基础上，左脚向左跨出一步，两脚之间保持一脚的距离，重心位于两腿之间。两手握拳，垂直放于身体两侧。

开立步图❶

开立步图❷

3 马步

几乎所有的武术都强调从扎马步开始，由此可见马步训练的重要性。马步也是跆拳道最基本、最常用的一个步法，因为其动作与骑马的姿势相同，又被称为“骑马站”。

马步图❶

马步图❷

动作要点

在准备姿势的基础上，左脚向左跨出一步，两腿弯曲，两脚之间保持一脚的距离，脚趾朝向正前方。腰板绷直，收腹挺胸。双眼平视前方，双手握拳，放于腰间，拳心向上。

教练提示

注意两腿弯曲的幅度，如果眼睛往下看时，膝盖能挡住脚趾，动作才算正确。

4 虎足步

虎足步又被称为“虚步”“猫足立”，姿势与三七步有些相似。左脚在前为左虎步，右脚在前为右虎步。

动作要点

在准备势的基础上，右脚脚跟离地，脚掌贴着地面向前跨出半脚的距离；两腿弯曲，两脚脚趾朝前，左腿占 90% 的力量，右腿占 10% 的力量，保持身体的平衡。双手位于腰间，双眼平视前方。

教练提示

练习虎足步时身体要摆正，注意两腿的弯曲，重心要落在后脚上。

虎足步图❶

虎足步图❷

5 换步

换步是用来改变身体方向的，在跆拳道实战中经常会用换步来改变进攻或者防守的方向。

教练提示

换步时动作幅度不宜过大，重心落在两脚上，双手握拳随着身体变换方向。

动作要点

在实战姿势的基础上，双脚脚跟离地，脚掌蹬地同时发力，向反方向旋转 180°，旋转的同时两腿贴紧，使双脚直线旋转并互换位置。双脚落地后呈相反的实战姿势。

换步图❶

换步图❷

换步图❸

换步图❹

6 弹跳步

弹跳步是利用双腿上下不停地弹跳，给对手制造错觉，干扰对手的攻防思路，以便选择适合自己进攻的方位，争取反击的空间和时间，从而达到进攻或者防御的目的。

教练提示

注意保持身体的平衡，在弹跳的同时，身体重心落在两腿中间，两腿各占 50%的力量。

弹跳步图 ①

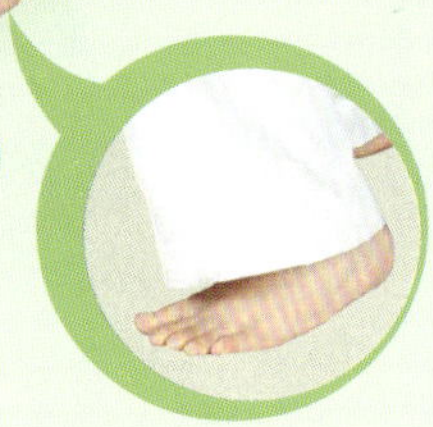

弹跳步图 ②

弹跳步图 ③

动作要点

在实战姿势的基础上，双手握拳摆高，双腿弯曲，双脚脚跟离地，利用脚尖和膝关节的弹性使身体向下、向上循环跳动。

7 十字步

十字步也叫“X步”“交叉步”，包括前十字步和后十字步，左脚在前的称为前十字步，左脚在后的称为后十字步。

前十字步

动作要点

在准备姿势的基础上，左脚经过右脚的前方向右脚外侧交叉，双腿弯曲；左脚脚跟离地，脚尖踩实地面，重心90%放在右脚上。双手位于腰间，目视前方。

教练提示

练习时注意腰板挺直，收腹挺胸。

前十字步图❶

前十字步图❷

后十字步

动作要点

在准备姿势的基础上，左脚经过右脚的后方向右脚外侧交叉，双腿弯曲；左脚脚跟离地，脚尖踩实地面，重心90%放在右脚。双手位于腰间，目视前方。

教练提示

练习时注意腰板挺直，收腹挺胸。

后十字步图❶

后十字步图❷

8 上步

上步属于移动步法，在实战中主要用于引诱对手进攻或者逼迫对手后撤，而一旦对手使用上步的时候，自己则可以采用进攻技术攻击对手。

教练提示

在练习上步的时候，眼睛一定要看着目标，动作幅度不宜过大。

动作要点

在实战姿势的基础上，右脚脚跟离地，以左脚为轴，右脚脚掌贴于地面向前直线跨出一步，身体向反方向旋转 180°。双手握拳自然摆放于胸前，目视目标。左右腿的上步方法相同。

上步图❶

上步图❷

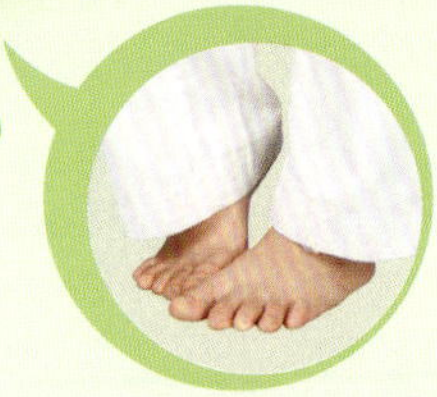

上步图❸

9 弓步

弓步又称“前屈步”，包括左弓步与右弓步，左脚在前时称为左弓步，右脚在前时称为右弓步。

动作要点

在准备姿势的基础上，左脚贴着地面向前跨出一步，膝盖弯曲成约 90°；右腿绷直，右脚脚尖向前斜 45°。两脚之间保持一脚半的距离，重心位于两腿中间。双手位于腰间。

教练提示

练习弓步时要收腹挺胸，目视前方，后腿一定要绷直。

弓步图❶

弓步图❷

10 三七步

三七步又被称为“四六步”，在跆拳道品势中用得比较多。

动作要点

在准备姿势的基础上，左脚脚跟离地，脚掌贴着地面向前跨出一步，双腿弯曲，两脚之间保持一脚的距离。左脚脚趾朝前，右脚打横，重心 70% 落在右脚上。双手位于腰间，腰板挺直，目视前方。

教练提示

在保持三七步姿势时，身体面向前方 45°；两腿弯曲的幅度，以眼睛往下看时两腿膝盖能挡住两脚脚趾为宜。

三七步图❶

三七步图❷

11 单脚站立步

单脚站立步是一只脚站立，将重心大部分转移到这只脚上，比较像我们平常所说的“金鸡独立”，主要训练的是青少年的平衡能力。

教练提示

练习时注意收腹挺胸，目视前方。

动作要点

在准备姿势的基础上，右脚离地，重心落在左脚上，左腿稍微弯曲，右脚心贴于左腿内侧膝关节处；双手握拳，左手放于头顶，拳心朝外，右手下摆，拳心朝内。右脚站立步的方法相同。

单脚站立步图 ❶

单脚站立步图 ❷

单脚站立步图 ❸

跆拳道的基本腿法

跆拳道以其变幻莫测、优美潇洒的腿法而出名。它被世人称为“踢的艺术”，这也是跆拳道区别于其他格斗术的一个重要特点。跆拳道的腿法讲究变化多样和灵活多变，这对练习者身体的柔韧性、大脑反应的灵敏性、身体各部位的协调性都有很高的要求。脚踢的练习方法主要靠平时用各种腿法踢击悬挂的沙袋，经过反复练习以提高踢腿的力量、速度和高度。

1 上下直踢

上下直踢是跆拳道最基础的腿法，能锻炼腿的灵活性与柔韧性。在直踢的基础上，可以演变出正踢、前踢和下劈等腿法。

教练提示

在练习时，支撑脚要站稳，踢脚要踢到头顶上方。

动作要点

在实战姿势的基础上，以左腿支撑，右脚脚跟离地，脚掌蹬地，向上直线踢出，脚尖向内勾。左右腿的踢法相同。

上下直踢图❶

上下直踢图❷

上下直踢图❷（侧面）

上下直踢图❸

上下直踢图❸（侧面）

2 前踢

前踢是跆拳道中常用的腿法，能够很好地锻炼膝关节快速屈伸的能力和膝关节四周的肌肉。前踢也是学习横踢的基础。

教练提示

在跆拳道品势里，前踢的脚背要绷直，踢出后脚趾向上勾起，用脚掌击打目标；在竞技和表演的时候，前踢的脚背绷直就可以了；在表演击破木板的时候，要使用脚背击打。

动作要点

在实战姿势的基础上，以左脚为支撑，右脚脚跟离地，脚掌蹬地，迅速提膝，同时脚背绷直，小腿向上，直线弹踢。双手握拳，放于右边腰带位置。目视目标。左右腿的前踢方法相同。

前踢图❶

前踢图❷

前踢图❷（侧面）

前踢图❸

3 前蹬

前蹬图❶

前蹬的通俗说法就是“踹腿”，经常用来锻炼腿的屈伸速度及脚掌的力量，在实战中，可以用来攻击对手的腰腹部位。

教练提示

在练习时，提膝要快，身体的重心要在腿蹬出时向前移。

动作要点

在实战姿势的基础上，以左脚为支撑，右脚脚跟离地，脚掌蹬地，迅速提膝，将小腿与大腿绷紧，同时脚趾向上勾起，向前直线蹬出，用脚跟或脚掌发力。双手握拳，位于右边腰带位置，目视目标。左右腿的前蹬方法相同。

前蹬图❷

前蹬图❷（侧面）

前蹬图❸

前蹬图❸（侧面）

4 横踢

横踢是跆拳道实战中使用最多、得分最高的一种腿法。横踢与前踢相似，两者的区别在于踢的时候，膝盖的方向不同；前踢时的膝盖方向是朝前上方，而横踢时的膝盖方向是在击打的一瞬间转胯而朝向对手的腹部。

教练提示

跆拳道品势里的横踢是脚背绷直，并且脚趾向上勾起，用脚背击打目标。

动作要点

在实战姿势的基础上，以左脚为支撑，右脚脚跟离地，脚掌蹬地，迅速提膝，将小腿与大腿贴紧，同时脚背绷直，向反方向转体 180°，将小腿弹出，用脚背击打目标。双手握拳，随着身体自然摆动，目视目标。左右腿的横踢方法相同。

横踢图❶

横踢图❷

横踢图❷（侧面）

横踢图❸

横踢图❸（侧面）

横踢图❹

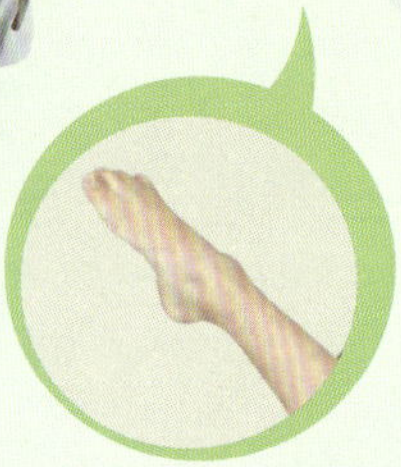

横踢图❹（侧面）

5 下劈

动作要点

在实战姿势的基础上，以左脚为轴，右脚脚跟离地，脚掌蹬地，迅速提膝，将小腿与大腿贴紧；同时脚趾向上勾起，将腿向上直踢；在腿下落时，利用脚掌劈击对手的头部或肩膀位置；双手握拳，随着身体自然摆动，目视目标。左右腿的下劈方法相同。

下劈是跆拳道特有的腿法。其攻击特点是从上至下，对练习者的韧带要求比较高。只有在腿部韧带完全拉开、胯部完全打开的情况下，才能发挥其最大威力。

教练提示

在练习时，踢起的脚要尽量向上抬高，使下劈的时候更有力量。

下劈图❶

下劈图❷（侧面）

下劈图❸（侧面）

下劈图❸

下劈图❷

6 前横踢

前横踢与横踢有所不同，前横踢是用前脚横踢，横踢则是用后脚；前横踢的难度要比横踢高，速度也快，但威力没有横踢大。

教练提示

在练习时，身体重心要稍微往后腿移，前脚踢出时，支撑脚的脚后跟向内旋转。

动作要点

在实战姿势的基础上，以右脚为轴，左脚脚跟离地，脚掌蹬地，迅速提膝，将小腿与大腿贴紧，脚背绷直，同时转胯，将小腿弹出，用脚背击打目标。双手握拳，随着身体的自然摆动，目视目标。左右腿的前横踢方法相同。

前横踢图 ❶

前横踢图 ❷

前横踢图 ❷（侧面）

前横踢图 ❸

前横踢图 ❸（侧面）

前横踢图 ❹

前横踢图 ❹（侧面）

跆拳道的基本防御

跆拳道中的防御是用手、脚挡开攻击或者闪避攻击的一种方式。防御是跆拳道中容易被忽视的技法，也是跆拳道中最不应该被忽视的技法。练习跆拳道，攻、防技法都得好好练习。

1 高架防御

高架防御看上去与上挡防御相似，但高架防御在防御的同时还带有攻击的动作。

动作要点

在准备势的基础上，左脚贴着地面向前跨出一步呈弓步，左手掌位于身体右侧腰带位置，右手掌向右后伸直；左手由下向上旋转砍击，与头顶同高，掌心向外，手臂弯曲，与额头保持一拳的距离；右手掌由后向内旋转横砍，与颈部同高，手掌绷直，掌心向上，手臂微弯曲。两手同时发力，各占 50% 的力量。目视目标。左右手防御的方法相同。

教练提示

左手向上旋转砍击后，手掌放在额头上方，并且与额头保持一拳的距离。

高架防御图 ❶

高架防御图 ❷

2 双手外格挡

双手外格挡是运用两个手肘将对手的进攻格挡在外，是非常有力、有效的防御法。

教练提示

格挡后，双手臂保持与肩膀同宽，双拳与肩膀保持在同一水平高度。

动作要点

在准备势的基础上，左脚向前跨出一步，呈左弓步，双手握拳在胸前交叉，双手臂同时向外旋转格挡，拳心向外，目视目标。

双手外格挡图 1

双手外格挡图 2

3 双手交叉格挡

双手交叉格挡是从身体侧面向正面进行格挡，经常用于对手进攻速度比较快的情况下。

动作要点

在准备势的基础上，左脚向前跨出一步，呈左弓步；双手握拳，在身体右侧；双手臂由后向前下方旋转格挡，拳心向下，目视目标。左右手两边交叉换挡的方法相同。

教练提示

双手握拳在身体右侧交叉时，哪只脚在前，哪只手臂就在上方。

双手交叉格挡图 1

双手交叉格挡图 2

4 铰链形格挡

因为铰链形格挡的动作如同手上戴着铰链一般，所以被称为“铰链形格挡”。它既可以用于中段防守，也可以用于下段防守。

动作要点

在准备势的基础上，左脚向前跨出一步，呈左弓步。双手握拳交叉，左手臂在外，贴着右手臂由下向上格挡；右手臂在内，贴着左手臂由上向下格挡。紧接着左手臂在内，右手臂在外，用同样的方法，双手臂再反方向格挡，目视目标。

教练提示

左右手要互换位置格挡，这样才能形成铰链形格挡。

铰链形格挡图 1

铰链形格挡图 2

第三章

跆拳道的组合练习

跆拳道的组合手法

跆拳道组合手法是把基本手法任意组合而成的一种战术。这样的组合在实战中可以起到进攻和防御的双重作用。练习者可以根据实际情况，编排不同的组合动作。

1 单手刀+双手刀+二指禅

这是一组攻击型的组合手法，利用手掌与手指进行连续的进攻。

教练提示

首先，单手刀是击打对手的人中部位；其次，双手刀是分别攻击对手的人中部位和肋部；最后，二指禅是插击对手的眼睛。

单手刀+双手刀+二指禅图 ❶

单手刀+双手刀+二指禅图 ❷

动作要点

在实战姿势的基础上，前脚向后收半步，呈三七步。同时，双手手臂交叉，右手握拳位于左肩上；左手刀放于右边腰带位置，掌心向内，目视目标。紧接着，左手刀由后向前旋转横砍，右手握拳贴着身体向后顶肘，拳心向上，位于腰间，双手同时发力。然后，左脚支撑，右脚贴着地面向前上步，呈三七步；左手向后伸直，右手由拳变为手刀放于左边腰带位置，掌心向内。紧接着，右手刀由后向前旋转横砍，掌心向前倾斜 45°；左手刀由后向前平刺，掌心向上，双手同时发力。然后，右脚支撑，保持腿的弯曲，右手握拳向前伸直；左脚脚掌贴着地面，向前直线上步，呈弓步。同时，左手的食指和中指由后向前上方旋转平刺；右手握拳贴着身体向后顶肘，拳心向上，位于腰间；双手同时发力，各占50% 的力量。

单手刀+双手刀+二指禅图 3

单手刀+双手刀+二指禅图 4

单手刀+双手刀+二指禅图 5

单手刀+双手刀+二指禅图 6

单手刀+双手刀+二指禅图 7

单手刀+双手刀+二指禅图 8

2 前直拳+内勾拳+上勾拳

这也是一组攻击型的组合手法，利用拳法攻击，在对手贴近自己时非常有效。

教练提示

直拳是用拳面击打目标，内勾拳和上勾拳都是用食指和中指的根部击打目标。在这一过程中，双眼始终平视目标。

动作要点

在实战姿势的基础上，左拳向前直线击打目标；收左拳，同时右拳由后向内旋转，勾击目标的太阳穴位置，拳心向外，将左拳收到肩膀位置。紧接着，右手握拳向前伸直，左手握拳于腰间，以左脚支撑，右脚脚掌贴着地面向前上一步，呈弓步；同时，左拳由下向上旋转，勾击目标的下颌，右手握拳贴着身体向后顶肘，拳心向上，位于腰间。双手同时发力，各占 50% 的力量。

前直拳+内勾拳+上勾拳图 ❶

前直拳+内勾拳+上勾拳图 ❷

前直拳+内勾拳+上勾拳图 ❸

前直拳+内勾拳+上勾拳图 ❹

前直拳+内勾拳+上勾拳图 ❺

前直拳+内勾拳+上勾拳图 ❻

前直拳+内勾拳+上勾拳图 ❼

跆拳道的组合步法

在跆拳道技术体系中，步法是其中重要的一环。在刚开始接触跆拳道这项运动时，要用较多的时间来进行专门的步法练习。跆拳道的组合步法练习是将基本步法任意组合的一种战术。练习者可以根据实战需求，编排各种不同的步法组合。

1 上步+后跃步

在实战中，这组步法主要用来试探对手，或防守时做反击的准备。

教练提示

两个步法的动作要连贯、快速，始终目视目标。

动作要点

在实战姿势的基础上，双眼目视目标，以左脚为轴，右脚脚掌贴着地面向前直线上步的同时，身体向左后转 180°，呈相反的实战姿势；紧接着，左脚脚掌蹬地，向后退步的同时右脚脚掌蹬地，身体重心向后移，保持两脚之间的距离，呈实战姿势。

上步+后跃步图 ❶

上步+后跃步图 ❷

上步+后跃步图 ❸

上步+后跃步图 ❹

上步+后跃步图 ❺

上步+后跃步图 ❻

2 退步+前进步

这是一组防守反击的步法，退步时避开对手的攻击，同时找准目标的薄弱部位，接着用前进步迅速发起攻击。

教练提示

在做出前进步时，两脚同时向前移动，并且保持两脚之间的距离不变。

动作要点

在实战姿势的基础上，以右脚为轴，左脚脚掌贴着地面向后直线退步，同时身体向左后方转动 180° ，呈相反的实战姿势；紧接着，双脚脚掌蹬地，贴着地面同时向前进一步，身体重心向前移动，目视目标，呈实战姿势。

退步+前进步图 ❶

退步+前进步图 ❷

退步+前进步图 ❸

退步+前进步图 ❹

退步+前进步图 ❺

3 上步+换步+滑步

这是一组带有迷惑性的攻击步法，容易使对手不知道自己出什么腿法。

教练提示

换步时，两腿是呈直线前后换位；滑步后，保持两脚之间的距离不变。始终目视目标。

动作要点

在实战姿势的基础上，以左脚为轴，右脚脚掌贴着地面向前直线上步，同时身体向左后方转 180°，呈相反的实战姿势；紧接着，双脚脚掌蹬地，双腿前后换位，同时身体向右后方旋转 180°，呈实战姿势。然后，右脚脚掌蹬地，贴着地面向左脚脚后跟靠拢；同时左脚脚掌蹬地，并贴着地面向前跨出一步，呈实战姿势。

上步+换步+滑步图 ❷

上步+换步+滑步图 ❶

上步+换步+滑步图 ❸

上步+换步+
滑步图 4

上步+换步+
滑步图 5

上步+换步+
滑步图 6

上步+换步+
滑步图 7

上步+换步+
滑步图 8

4 弹跳步+前跃步+左移步

在实战中，这组步法能起到声东击西的效果。

教练提示

运用弹跳步时保持身体的平衡。在实战中，弹跳步的时长要把握好，否则容易错失进攻的时机。

动作要点

在实战姿势的基础上，双腿弯曲、挺直，向下、向上地循环跳动；紧接着，左脚脚掌蹬地，向前跨步的同时右脚脚掌蹬地，身体迅速前移，呈实战姿势；紧接着，左脚脚掌蹬地，向左前方 45° 跨步的同时，右脚脚掌蹬地，迅速跟进，重心前移，继续保持实战姿势。

弹跳步+前跃步+左移步图 ❶

弹跳步+前跃步+左移步图 ❷

弹跳步+前跃步+左移步图 ❸

弹跳步+前跃步+左移步图 ❹

弹跳步+前跃步+左移步图 ❺

弹跳步+前跃步+左移步图 6

弹跳步+前跃步+左移步图 7

弹跳步+前跃步+左移步图 9

弹跳步+前跃步+左移步图 8

弹跳步+前跃步+左移步图 10

5 弹跳步+换步+紧追步

这是一组进攻型步法。当与对手距离较远时，可用此步法来迅速接近目标。

教练提示

注意保持重心的稳定，重心向前时后腿稍微弯曲，向后时前腿稍微弯曲。改用紧追步时，注意保持两脚之间的距离不变。

动作要点

在实战姿势的基础上，双腿弯曲、挺直，向下、向上地循环跳动；紧接着，双脚脚掌蹬地，双腿在空中直线换位，同时身体向左后方旋转 180°，双脚落地，呈相反的实战姿势；紧接着，双脚同时蹬地向前进步；双脚落地后，用同样的方法再向前进步，呈实战姿势。

弹跳步+换步+紧追步图 ❶

弹跳步+换步+紧追步图 ❷

弹跳步+换步+紧追步图 ❸

弹跳步+换步+紧追步图 ❹

弹跳步+换步+紧追步图 ❺

弹跳步+换步+紧追步图 ❻

弹跳步+换步+紧追步图 ❼

弹跳步+换步+紧追步图 ❽

弹跳步+换步+紧追步图 ❾

弹跳步+换步+紧追步图 ❿

弹跳步+换步+紧追步图 ⓫

跆拳道的组合腿法

在跆拳道实战中，以腿法进攻时一般使用的部位包括脚前掌、脚趾、脚背、足刀、脚后跟、脚后掌（脚跟底部）。利用这些部位可以进行横踢、前踢、下劈、飞踢等不同形式的腿法进攻。运用腿法组合时要根据具体情况，如根据对手所处位置、暴露的部位、防守的姿势及双方的距离等，选择不同的腿法组合。

1 横踢+双飞踢

这是一组密集攻击型的腿法组合，可连续击打目标的上段位和中段位。

教练提示

两种腿法的更换要平稳而快速，否则动作不到位，击打目标也不准确。在整个过程中，双眼始终平视目标。

动作要点

在实战姿势的基础上，以左脚为轴，右脚脚跟离地，脚掌蹬地，迅速向前提膝，脚背绷直；同时，身体向左后方转 180° 呈侧身，目视目标，将右腿弹出，用脚背击打目标；右脚向前落地，呈相反的实战姿势。紧接着，以右脚为轴，左脚脚跟离地，脚掌蹬地，迅速向前提膝，脚背绷直，同时身体向右后方转 180°，将左腿弹出。紧接着，在左脚下落的同时右脚脚掌蹬地起跳，在空中换脚，身体向左后方转 180°，左脚落地的同时将右腿踢出。双手握拳随着身体自然摆动，右脚向前落地，呈相反的实战姿势。

横踢+双飞踢图 ❶

横踢+双飞踢图 ❷

横踢+双飞踢图 ❸

横踢+双飞踢图 ❹

横踢+双飞踢图 ❺

横踢+双飞踢图 ❻

横踢+双飞踢图 ❼

横踢+双飞踢图 ❽

横踢+双飞踢图 ❾

横踢+双飞踢图 ❿

横踢+双飞踢图 ⓫

2 前横踢+下劈

这是一组典型的原地攻击型腿法，当对手靠近时使用，非常有效。

教练提示

在右腿下劈时，左脚脚跟抬起，同时向左侧旋转。下劈时一般是击打目标的脸部。

动作要点

在实战姿势的基础上，右脚支撑，左脚脚跟离地，脚掌蹬地，迅速向前提膝，脚背绷直，同时转胯将小腿弹出，左脚向前落地，呈实战姿势。紧接着，双手握拳位于右边腰带位置，以左脚为轴，右脚脚跟离地，脚掌蹬地，迅速向前提膝；然后右腿向上伸直，脚背绷直，脚掌由上向前下方劈击目标，右脚落地后呈相反的实战姿势。

前横踢+下劈图 ❶

前横踢+下劈图 ❸

前横踢+下劈图 ❷

前横踢+下劈图 ❹

前横踢+下劈图 5

前横踢+下劈图 6

前横踢+下劈图 7

前横踢+下劈图 8

3 前踢+横踢+下劈

这个组合腿法主要针对目标的上段位进行攻击。

教练提示

三种腿法的更换要平稳而快速，否则动作不到位，击打目标也不准确。在整个过程中，始终目视目标。

动作要点

在实战姿势的基础上，左脚支撑，右脚脚跟离地，脚掌蹬地，迅速向前提膝，脚背绷直，双手握拳位于右腰间；接着将小腿向上弹出，用脚掌击打目标，右脚向前落地，呈相反的实战姿势。紧接着，以右脚为轴，左脚脚跟离地，脚掌蹬地，迅速向前提膝，脚背绷直，同时身体向右后方转 180° 呈侧身，将左腿弹出，用脚背击打目标，左脚向前落地，回到实战姿势。紧接着，以左脚为轴，右脚脚跟离地，脚掌蹬地，迅速向前提膝，脚背绷直，脚趾上勾，双手握拳位于右边腰带位置；右腿向上伸直，身体向左后方旋转，右脚由上向前下方向劈击，用脚掌击打目标；右脚向前落地，呈相反的实战姿势。

前踢+横踢+下劈图 ❶

前踢+横踢+下劈图 ❷

前踢+横踢+下劈图 ❸

前踢+横踢+下劈图 ❹

前踢+横踢+下劈图 ❺

前踢+横踢+下劈图 6

前踢+横踢+下劈图 7

前踢+横踢+下劈图 8

前踢+横踢+下劈图 9

前踢+横踢+下劈图 10

前踢+横踢+下劈图 11

4 横踢+下劈+360°转身横踢

这是一组完全进攻型的腿法，动作要非常快，而且击打目标要准确、有效，否则容易被对手抓住防守漏洞而进行反击。

教练提示

横踢主要是击打目标的胸部、背部和颈部，下劈是击打目标的脸部。在动作过程中，注意保持身体重心的稳定，始终目视目标。

动作要点

在实战姿势的基础上，以右脚为轴，左脚脚跟离地，脚掌蹬地，迅速向前提膝，脚背绷直，同时身体向右后方转 180° 呈侧身；接着将左腿弹出，用脚背击打目标，左脚向前落地，呈相反的实战姿势。紧接着，双手握拳位于右边腰带位置，以左脚为轴，右脚脚跟离地，脚掌蹬地，迅速向前提膝，脚背绷直，脚趾上勾，右腿向上伸直，身体向左后旋转，右脚由上向前下方向劈击，用脚掌击打目标，右脚向前落地，回到实战姿势。然后，以右脚为轴，身体向左后方旋转 180° ，左脚蹬地迅速向后抬腿；接着右脚蹬地起跳，带动身体继续向左后方旋转 180° ；同时，双腿在空中换脚，在左脚落地时将右腿弹踢出去，用脚背击打目标；双手握拳随着身体自然摆动，右脚向前落地，呈实战姿势。

横踢+下劈+360°转身横踢图 ❶

横踢+下劈+360°转身横踢图 ❷

横踢+下劈+360°
转身横踢图 3

横踢+下劈+360°
转身横踢图 4

横踢+下劈+360°
转身横踢图 5

横踢+下劈+360°
转身横踢图 6

横踢+下劈+360°
转身横踢图 7

横踢+下劈+360°
转身横踢图 8

横踢+下劈+360°
转身横踢图 9

横踢+下劈+360°
转身横踢图 10

横踢+下劈+360°
转身横踢图 11

横踢+下劈+360°
转身横踢图 12

横踢+下劈+360°
转身横踢图 13

第四章

跆拳道的品势进阶

太极一章

太极一章对应八卦中的“乾”。“乾”有宇宙万物根源之意，换言之，太极一章可视为跆拳道招式的起源。在动作组合上，多使用前屈站立姿势，使用的技法有中段直拳、下段对挡、中段接招、上段接招及前踢等。

立正

立正图：双脚靠拢，双手握拳，贴着身体两侧自然下垂，挺胸收腹，目视前方。

立正图

教练提示

双脚靠拢，脚趾和脚跟都要靠在一起，双脚中间不要有空隙。

敬礼

敬礼图：在立正的基础上，腰弯45°、头低30°，手臂与身体一起弯曲。

敬礼图

教练提示

腰弯45°、头低30°后，心里默数2秒再抬头。

准备势

准备势图 ❶

准备势图 ❷

准备势图 ❸

准备势图 ❹

准备势图 ❺

准备势图1、图2、图3、图4、图5：在立正的基础上，左脚向左侧跨出一步，两脚脚趾朝前；同时双手四指并拢、拇指伸直，由下向上握拳，慢慢提到胸口位置，再向下旋转至双拳位于腰带部位，拳心向内，拳眼相对。整个过程大概需要8秒。双拳与身体之间保持一拳的距离，两拳中间同样保持一拳的距离，两手臂微微弯曲，双眼平视前方。

教练提示

左脚向左外侧跨一步，两脚之间为一脚的距离，不要过大或过小。在做该动作的过程中，可以在心中默数8秒。

第一势

第一势图 ❶

第一势图 ❷

教练提示

左手下挡防御时，右手要同时收回至腰带位置。

第一势图1：在准备势的基础上，身体向左转90°，站成前行步。左拳放在右肩上，拳心向内；右臂伸直，拳心向下。

第一势图2：紧接着，左手下挡防御，右手收回至腰带位置，起到拉力的作用，拳心向上；双手同时发力，各占50%的力量，目视前方。

第二势

第二势图 ❶

第二势图 ❷

教练提示

前行步时，身体重心落在两脚间；冲拳时，拳头要平，手臂呈直线。

第二势图1：左脚支撑，右脚脚跟离地，脚掌贴着地面向前上一步，呈前行步；左手握拳，手臂向前伸直，拳心向下。

第二势图2：紧接着，右手冲拳，拳心向下，同时左拳收回至腰带位置；双手同时发力，各占50%的力量，目视前方。

第三势

教练提示

身体右后转180°呈右前行步时，两脚要站稳，紧接着下挡防御。

第三势图1、图2：左脚原地支撑转动，身体向右后转180°。右脚向前进一步，右手放在左肩上。左臂伸直，拳心向下。

第三势图3：紧接着，右手下挡防御，左手握拳贴着身体向后顶肘，左拳放于腰带位置，拳心向上；双手同时发力，各占50%的力量，目视前方。

第三势图 1

第三势图 2

第三势图 3

第四势

第四势图 1

第四势图 2

教练提示

左手冲拳，同时右手贴着身体向后顶肘，要起到拉力的作用。

第四势图1：右脚支撑，左脚上步，呈前行步。右手紧跟着冲拳；左手握拳于腰带位置，起到拉力的作用。

第四势图2：紧接着，左手冲拳，同时右手贴着身体向后顶肘，右拳收于腰带位置，拳心向上；双手手臂同时发力，各占50%的力量，目视前方。

第五势

教练提示

呈左弓步时，后腿挺直。

第五势图1、图2： 以右脚为轴，双手握拳，左手在上、右手在下，身体向左后方转90°，跨左脚，站成弓步。

第五势图3： 左手下挡防御，同时右拳收至腰带位置，拳心向上；双手手臂同时发力，各占50%的力量，右腿挺直，右脚脚尖外展15°~30°，目视前方。

第五势图 ❶

第五势图 ❷

第五势图 ❸

第六势

第六势图 ❶

第六势图 ❷

教练提示

右手冲拳时，两脚保持原地不动，目视前方。

第六势图1： 两脚原地不动，左手握拳，手臂向前伸直，拳心向下。

第六势图2： 紧跟着，右手冲拳，左拳收至腰带位置，起到拉力的作用，拳心向上；双手同时发力，各占50%的力量，目视前方。

第七势

教练提示

左手内挡防御时，左拳与肩膀保持同一水平高度。

第七势图1：以左脚为轴，收右脚的同时身体向右后方转90°，站成前行步，右手握拳，右臂伸直，拳心向下起到拉力的作用。

第七势图2：紧接着，左手内挡防御，拳心向上；右拳收至腰带位置，拳心向上。双手同时发力，各占50%的力量，目视前方。

第七势图 1

第七势图 2

第八势

第八势图 1

第八势图 2

教练提示

上步冲拳时，身体幅度不宜过大，步法要均匀一致。

第八势图1：右脚支撑，左脚上步，呈左前行步；左手握拳，向前伸直，拳心向下。

第八势图2：紧接着，右手冲拳，同时左拳收至腰带位置，拳心向上。双手同时发力，各占50%的力量，目视前方。

第九势

教练提示

右手内挡防御时，手臂弯成90°　。

第九势图1：右脚支撑，原地转动，左脚离地，身体向左后方旋转180°　，呈左前行步；左手握拳，拳心向下，左臂伸直，起到拉力的作用。

第九势图2：紧接着，右手内挡防御，拳心向内；左拳收至腰带位置，拳心向下。双手同时发力，各占50%的力量，右拳与肩膀在同一水平高度，目视前方。

第九势图 ❶

第九势图 ❷

第十势

第十势图 ❶

第十势图 ❷

教练提示

冲拳时，手臂要伸直，肩膀不能歪斜。

第十势图1：左脚支撑，右脚向前上一步，呈右前行步；右手握拳，拳心向下，向前伸直，起到拉力的作用。

第十势图2：紧接着，左手冲拳，同时右拳收至腰带位置，拳心向上。双手同时发力，各占50%的力量，目视前方。

第十一势

第十一势图1： 左脚支撑，原地转动，右脚向右前方跨一步，与左脚成90°，站成右弓步。右拳放在左肩上，拳心向内；左臂伸直，拳心向下，起到拉力的作用。

第十一势图2： 紧接着，右手下挡防御，同时左拳收至腰带位置，拳心向上；双手同时发力，各占50%的力量，目视前方。

教练提示

呈右弓步时，右腿膝盖处与脚趾垂直对齐。

第十一势图 ❶

第十一势图 ❷

第十二势

第十二势图 ❶

第十二势图 ❷

第十二势图1： 两脚保持不变，右手握拳，向前伸直，拳心向下。左手握拳于腰间，拳心向上。

第十二势图2： 紧跟着，左手冲拳，拳心向下；同时右拳收至腰带位置，拳心向上。双手同时发力，各占50%的力量，目视前方。

教练提示

冲左拳时，两脚保持原地不动，右手起到拉力的作用。

第十三势

教练提示

在左手上挡防御前，左手握拳放在右边腰带位置，右手握拳放在左肩前方。

第十三势图1：以右脚为轴，身体向左后方转90°，呈前行步；双手握拳，双臂交叉，右手在上，左手在下。

第十三势图2：左手上挡防御，右拳与左拳保持一拳的距离，拳心向内；双手同时发力，双眼平视前方。

第十三势图 ❶

第十三势图 ❷

第十四势

教练提示

右腿前踢时，脚背绷直，前踢的高度大概位于自己的人中位置。前踢完成，脚落地站稳后再冲拳。

第十四势图1、图2、图3：左脚支撑，右脚前踢；然后收回右脚，落在前方，呈右前行步。左手冲拳，拳心向下。

第十四势图4：紧跟着，右手冲拳，拳心向下，击打目标中段位；左拳收至腰带位置，拳心向上。双手同时发力，各占50%的力量，目视前方。

第十四势图 ❶

第十四势图 ❷

第十四势图 ❸

第十四势图 ❹

第十五势

教练提示

上挡防御时，右拳与额头之间保持一拳的距离。

第十五势图1：以左脚为轴，带动右脚，身体向右后方转180°，呈前行步。右拳放于左腰带位置，左拳放于右肩上。

第十五势图2：紧接着，右手上挡防御，与额头之间保持一拳距离，拳心向外；左手收至腰带位置，拳心向上。双手同时发力，各占50%的力量，目视前方。

第十五势图❶

第十五势图❷

第十六势

第十六势图❶

第十六势图❷

第十六势图❸

第十六势图❹

第十六势图1、图2：右脚支撑，左腿屈膝上提，前踢目标的人中位置。双手放于右边腰带位置。

第十六势图3、图4：左脚落地时呈左前行步；右臂伸直，起到拉力的作用。紧跟着，左手冲拳，拳心向下；同时右拳收至腰带位置，拳心向上。双手同时发力，各占50%的力量。前踢与冲拳动作要连贯。

教练提示

左腿踢完落地并站稳后再冲拳；冲拳时，肩膀不要歪斜。

第十七势

第十七势图 ❶

第十七势图 ❶
（正面）

第十七势图 ❷

第十七势图 ❷
（正面）

教练提示

呈左弓步时，后腿要绷直，脚尖向内扣15°~30° 。

第十七势图1：以右脚为轴，双手握拳，双臂交叉，左手在上、右手在下，身体向右后方转90° ；左脚向前跨，呈左弓步。

第十七势图2、图3：左手下挡防御，同时右拳收至腰带位置，拳心向上，重心落在左脚。双手同时发力，各占50%的力量，目视前方。

第十七势图 ❸

第十七势图 ❸
（正面）

第十八势

第十八势图 ❶

第十八势图 ❶（正面）

第十八势图 ❷

第十八势图 ❷（正面）

教练提示

冲拳时一定要发出声音，而且声音要洪亮、有力。

第十八势图1、图2：左脚支撑，右脚向右前方上步，呈右弓步。

第十八势图3：紧接着，右手冲拳并发出声音“耶”；同时左拳收至腰带位置，拳心向上。左腿挺直，右腿弯曲，重心落于右脚，面向前方。

第十八势图 ❸

第十八势图 ❸（正面）

收势

收势图 ❶

收势图 ❷

收势图 ❸

收势图 ❹

收势图 ❺

收势图1、图2、图3、图4、图5：以右脚为轴，收左脚，身体向左后方转180°；双手握拳由下向上至胸口位置，再旋转向下至腰带位置，回到准备势。此过程大概需要8秒。

教练提示

动作不要太快，可以在心中默数8秒。

太极二章

太极二章对应八卦中的“兑”。“兑”的意思是外柔内刚。因此，太极二章的招式虽看似柔软，却可随时发动猛烈攻击。本章招式由下段对挡、中段直拳、前踢、上段接招等技法组成。

立正

立正图：双脚靠拢，双手握拳，贴着身体两侧自然下垂，收腹挺胸，目视前方。

立正图

教练提示

双脚靠拢，脚趾和脚跟都要靠在一起，双脚中间不要有空隙。

敬礼

敬礼图：在立正的基础上，腰弯45°、头低30°，手臂与身体一起弯曲。

敬礼图

教练提示

腰弯45°、头低30°后，心里默数2秒再抬头。

准备势

准备势图 ❶

准备势图 ❷

准备势图 ❸

准备势图 ❹

准备势图1、图2、图3、图4、图5：在立正的基础上，左脚向左侧跨出一步，两脚脚趾朝前；同时双手四指并拢，拇指伸直，握拳，由下向上慢慢提到胸口位置，然后向下旋转双拳至腰带位置，拳心向内，拳眼相对。整个过程大概需要8秒。双拳与身体之间保持一拳的距离，两拳中间同样保持一拳的距离，两手臂稍微弯曲，双眼平视前方。

教练提示

左脚向左外侧跨出一步，两脚之间为一脚的距离，不要过大或过小。在做该动作的过程中，可以在心中默数8秒。

准备势图 ❺

第一势

第一势图 ❶

第一势图 ❷

第一势图1： 双手握拳，双臂交叉，左拳在上、右拳在下，身体向左转90°，呈左前行步。

第一势图2： 左手下挡防御；同时右手收至腰带位置，拳心向上。双手同时发力，各占50%的力量，目视目标。

教练提示

左脚呈前行步时，左脚脚后跟与右脚脚尖之间保持一拳的距离。

第二势

教练提示

右脚弓步冲拳时，左腿要挺直，右腿膝盖处与脚趾垂直对齐。

第二势图1、图2： 左脚支撑，右脚向前上一步，呈右弓步；左手握拳，向前伸直，起到拉力的作用。

第二势图3： 迅速冲右拳，击打目标中段位，左腿挺直，右腿弯曲，重心落在右脚，右脚脚尖外展15°～30°。同时左拳收至腰带位置，拳心向上。双手同时发力，各占50%的力量，目视目标。

第二势图 ❶

第二势图 ❷

第二势图 ❸

第三势

第三势图1：以左脚为轴，双手握拳，双臂交叉，右拳在上、左拳在下，身体向右后方转180° ，呈右前行步。

第三势图2、图3：右手下挡防御，左手收至腰带位置，拳心向上，右拳与右腿之间保持两拳的距离；双手同时发力，各占50%的力量，目视目标。

第三势图 1

第三势图 2

第三势图 3

教练提示

在下挡防御前，两手握拳准备，右手握拳，应该放在左肩上。

第四势

第四势图 1

第四势图 2

第四势图 3

教练提示

呈左弓步时，身体的起伏不要过大，左脚贴着地面向前上步。

第四势图1、图2：右脚支撑，左脚向前上一步，呈左弓步；右臂伸直，起到拉力的作用。

第四势图3：紧跟着，左手冲拳，拳心向下；同时右手收至腰带位置，拳心向上。右腿挺直，左腿弯曲，重心落在左脚。双手同时发力，各占50%的力量，目视目标。

第五势

第五势图 1

第五势图 2

第五势图 3

教练提示

右手内挡防御时，右拳向内旋转发力。

第五势图1：以右脚为轴，身体向左后方转90°，呈左前行步；左手握拳，向前伸直，起到拉力的作用。

第五势图2、图3：紧接着，右手内挡防御，小手臂与手腕绷成一条直线，拳头与肩高度一致，拳心向内；同时左拳收至腰带位置，拳心向上。双手同时发力，各占50%的力量，目视目标。

第六势

第六势图1：左脚支撑，右脚向前上一步，呈右前行步。右臂伸直，起到拉力的作用；左手握拳上举，拳心向外。

第六势图2、图3：紧接着，左手内挡防御，小手臂与手腕绷成一条直线，拳头与肩高度一致，拳心向内；同时右拳收至腰带位置，拳心向上。双手同时发力，各占50%的力量，目视目标。

教练提示

左手内挡防御时，右手也要同时收到腰带位置，起到拉力的作用。

第六势图 1

第六势图 2

第六势图 3

第七势

第七势图 ❶

第七势图 ❷

第七势图 ❸

第七势图1：以右脚为轴，收左脚，身体向左后方旋转90°，呈左前行步。右拳伸直，拳心向下；左拳放于右肩上。

第七势图2、图3：紧接着，左手下挡防御，右拳收至腰带位置，拳心向上。双手同时发力，各占50%的力量，目视目标。

教练提示

左手下挡防御时，双脚保持前行步不变。

第八势

第八势图 ❶

第八势图 ❷

第八势图 ❸

第八势图 ❹

第八势图1、图2：左脚支撑，右腿屈膝上提，小腿收紧；双手握拳，放于右边腰带的位置；右腿前踢，脚背绷直，脚趾上勾。

第八势图3、图4：右脚向前落，呈右弓步；左臂伸直，起到拉力的作用。紧跟着，右手向右上方冲拳，击打目标的人中部位；同时左拳收至腰带位置，拳心向上。双手同时发力，各占50%的力量，目视目标。

教练提示

前踢与冲拳都是击打目标的人中部位，两个动作要连贯。

第九势

第九势图1：以左脚为轴，双手握拳，双臂交叉，右手在上、左手在下，身体向右后方旋转180°，呈前行步。

第九势图2、图3：紧接着，右手下挡防御，同时左拳收于腰带位置，拳心向上。双手同时发力，各占50%的力量，目视目标。

第九势图 ❶

第九势图 ❷

第九势图 ❸

教练提示

下挡防御时，注意步法和手的握拳位置，避免两脚之间的距离过大或过小。

第十势

第十势图 ❶

第十势图 ❷

第十势图 ❸

第十势图 ❹

第十势图1、图2：左腿屈膝上提，双手握拳放于右腰带位置；左腿前踢，脚背绷直，脚趾上勾，用左脚脚掌击打目标的人中部位。

第十势图3、图4：紧接着，左脚落于前方，呈左弓步，右手握拳，手臂伸直，拳心向下，起到拉力的作用。左手紧跟着冲拳，击打目标的人中位置；右拳收至腰带位置，拳心向上。双手同时发力，各占50%的力量，目视目标。

教练提示

左腿前踢和左手冲拳都是击打目标的人中部位。

第十一势

第十一势图1：右脚支撑，身体向左转90°，左脚向前，呈左前行步；左手放于右腰带位置，右手放在左肩上。

第十一势图2：紧接着，左手上挡防御，左拳与额头之间保持一拳的距离，拳心向外；右拳收至腰带位置，拳心向上。双手同时发力，各占50%的力量，目视目标。

教练提示

左手握拳上挡防御时，左拳与额头之间保持一拳的距离。

第十一势图❶

第十一势图❷

第十二势

第十二势图1：左脚支撑，右脚向前上步，呈右前行步；右手放于左腰带位置，左手放在右肩上。

第十二势图2、图3：紧接着，右手上挡防御，与额头保持一拳的距离，拳心向外；同时左拳收至腰带位置，拳心向上。双手同时发力，各占50%的力量，目视目标。

教练提示

注意从右前行步到右手上挡防御的过程中，双手始终是握拳的。

第十二势图❶

第十二势图❷

第十二势图❸

第十三势

第十三势图 ❶

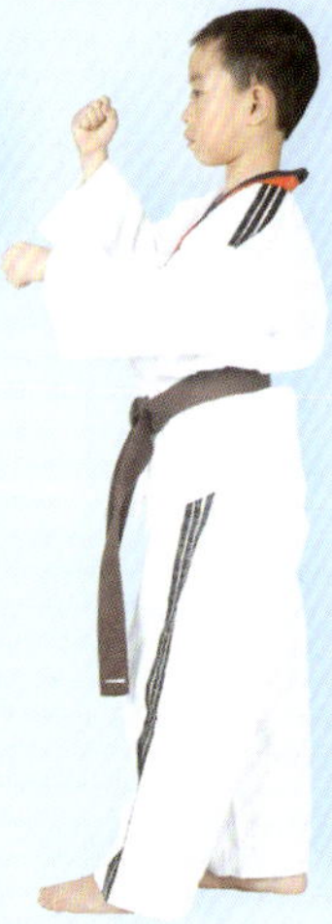

第十三势图 ❷

第十三势图 ❸

教练提示

身体向左后方转270° 时，左手握拳，向前伸直，起到拉力的作用。同时右拳由外向内旋转并内挡防御。

第十三势图1：以右脚为轴，带动左脚，身体向左后方转270° ，呈左前行步；左手握拳，向前伸直，拳心向下，起到拉力的作用。

第十三势图2、图3：紧接着，右手内挡防御，右拳与肩膀的高度一致，拳心向内；同时左拳收至腰带位置，拳心向上。双手同时发力，各占50%的力量，目视目标。

第十四势

第十四势图 ❶

第十四势图 ❷

教练提示

两脚是以前脚掌为支撑，原地旋转，两腿的位置保持不变。

第十四势图1：两脚原地不变，两脚的前脚掌旋转，身体向右后方转180° 。右手握拳，手臂伸直，拳心向下，起到拉力的作用；左手握拳向外举起，拳心向外。

第十四势图2：紧接着，左手内挡防御，拳心向内；同时右拳收至腰带位置，拳心向上。双手同时发力，各占50%的力量，目视目标。

第十五势

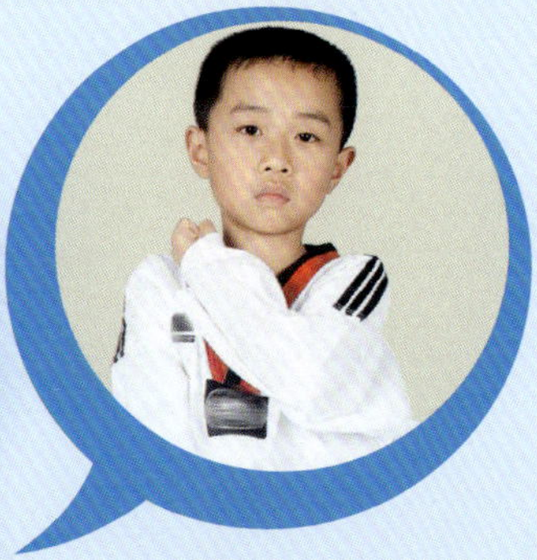

第十五势图 ❶
（正面近距离）

第十五势图 ❶

第十五势图 ❷

第十五势图1：以右脚为轴，双手握拳，左手在上、右手在下，带动左脚，身体向左后方转90°，呈左前行步。

第十五势图2：紧接着，左手下挡防御，同时右拳收回至腰带位置（正面图中左拳按箭头方向收至腰带位置），拳心向上。双手同时发力，目视目标。

第十五势图 ❷
（正面）

教练提示

在身体向左后方转90°呈前行步的同时，保持右手伸直，左拳在右肩上。

第十六势

第十六势图 ❶

第十六势图 ❶（正面）

第十六势图 ❷

第十六势图 ❷（正面）

第十六势图 ❸

第十六势图 ❸（正面）

第十六势图 ❹

第十六势图 ❹（正面）

第十六势图1、图2：左脚支撑，右脚脚跟离地，脚掌蹬地，迅速提膝；双手握拳，位于右边腰带位置；右腿前踢，脚背绷直，脚趾上勾，用右脚脚掌击打目标。

第十六势图3、图4：右脚前落，呈右前行步。同时左臂伸直，拳心向下起到拉力的作用。紧跟着，右手冲拳，拳心向下，击打目标中段位的同时，左拳收于腰带位置，拳心向上。双手同时发力，各占50%的力量，目视目标。

教练提示

右腿前踢，击打目标的人中部位，落脚后呈前行步；紧接着，右手冲拳，击打目标中段位，即胸口位置。两个动作要连贯，但身体起伏不要过大。

第十七势

第十七势图 ❶

第十七势图 ❶
（正面）

第十七势图 ❷

第十七势图 ❷
（正面）

第十七势图 ❸

第十七势图 ❸
（正面）

第十七势图 ❹

第十七势图 ❹
（正面）

第十七势图1、图2：右脚支撑，左脚脚跟离地，脚掌蹬地，迅速提膝，小腿与大腿贴紧；双手握拳位于左边腰带位置；左脚前踢，脚背绷直，脚趾勾起，用左脚脚掌击打目标。

第十七势图3、图4：左脚前落，呈左前行步；右臂伸直，拳心向下，起到拉力的作用。紧接着，左手冲拳，拳心向下，同时右拳收至腰带位置，拳心向上。双手同时发力，各占50%的力量，目视目标。

教练提示

前踢时，身体不要左右摇晃，脚背要绷直，用前脚掌击打目标的人中部位。

第十八势

第十八势图 ❶

第十八势图 ❶（正面）

第十八势图 ❷

第十八势图 ❷（正面）

第十八势图 ❸

第十八势图 ❸（正面）

第十八势图 ❹

第十八势图 ❹（正面）

第十八势图1、图2：左脚支撑，双手握拳，放于右边腰带位置；右腿屈膝上提，前踢目标的人中部位，脚背绷直，脚趾上勾。

第十八势图3、图4：右脚向前落，呈右前行步；左臂伸直，拳心向下，起到拉力的作用。紧跟着，右手冲拳并发出声音“耶”，拳心向下；同时左拳收于腰带位置，拳心向上。双手同时发力，各占50%的力量，目视目标。

教练提示

前踢完右脚落地，接着就是右手冲拳。冲拳时必须发出声音，声音要洪亮、有力。

收势

收势图 ❶

收势图 ❷

收势图 ❸

收势图 ❹

收势图1、图2、图3、图4：以右脚为轴，收左脚，身体向左后方转180°；双手握拳，由下向上至胸口位置，再旋转向下至腰带位置，回到准备势。此过程大概需要8秒。

教练提示

动作不要太快，可以在心中默数8秒。

太极三章

太极三章对应八卦中的“离”。“离”有明亮如火之意。因此，太极三章的招式动作充满活力。由下段对挡、前踢、直拳、手刀攻击、手刀接招等多种技法构成。

本章招式是培养重心移动的基础。同时，由于其手脚及身体动作是依次交叉性施展，所以亦可用来培养由防御转为攻击时的敏捷性。

立正

立正图

立正图：双脚靠拢，双手握拳，贴着身体两侧自然下垂，收腹挺胸，目视前方。

教练提示

双脚靠拢，脚趾和脚跟都要靠在一起，双脚中间不要有空隙。

敬礼

敬礼图

敬礼图：在立正的基础上，腰弯45°、头低30°，手臂与身体一起弯曲。

教练提示

腰弯45°、头低30°后，心里默数2秒再抬头。

准备势

准备势图

准备势图：在立正的基础上，左脚向左侧跨出一步，两脚脚趾向前；同时双手四指并拢，拇指伸直，由下向上握拳，慢慢提到胸口位置，再向下旋转双拳至腰带部位，拳心向内，拳眼相对。整个过程大概需要8秒。双拳与身体之间保持一拳的距离，两拳中间同样保持一拳的距离，两手臂微微弯曲，双眼平视前方。

教练提示

左脚向左外侧跨一步，两脚之间为一脚的距离，不要过大或过小。在做该动作的过程中，可以在心中默数8秒。

第一势

第一势图 ❶

第一势图 ❷

第一势图 ❸

教练提示

进行下挡防御时，左手贴着右手臂向下格挡。

第一势图1：在准备势的基础上，身体向左转90°。左手放在右肩上；右手握拳，手臂伸直，拳心向下。

第一势图2、图3：紧接着，左手下挡防御，同时右手收至腰带位置，拳心向上。双手同时发力，各占50%的力量；要迅速，身体的动作幅度要小，目视目标。

第二势

第二势图 ❶

第二势图 ❷

第二势图 ❸

第二势图 ❹

第二势图 ❺

第二势图1、图2：左脚支撑，右腿屈膝上提，右脚前踢，脚背绷直，脚趾上勾，用右脚脚掌击打目标的人中部位；双手握拳，放于右边腰带位置。

第二势图3、图4、图5：右脚落地，呈右弓步；左臂伸直，拳心向下，起到拉力的作用，迅速冲右拳，再冲左拳，击打目标的中段位，目视目标。

呈右弓步时，要求左腿绷直，左脚脚尖外展15°～30°；右腿弯曲，重心落在右脚。

第三势

第三势图 ❶

第三势图 ❷

第三势图 ❸

第三势图1、图2：左脚为轴，双手握拳，双臂交叉，右手在上、左手在下，身体向右后方转180°，呈右前行步。

第三势图3：右手下挡防御，左手收至腰带位置，拳心向上。双手同时发力，各占50%的力量；右拳与右腿之间保持两拳的距离，目视目标。

双臂交叉时，右手放在左肩上，左手放在右边腰带位置。

第四势

第四势图 1

第四势图 2

第四势图 3

第四势图 4

第四势图1、图2、图3：右脚支撑，左腿屈膝上提；前踢，脚背绷直，脚趾勾起，用脚掌击打目标的人中部位；双手握拳，左手放于左边腰带位置，左脚前落，成左弓步，右臂伸直，拳心向下，起到拉力的作用。

第四势图4、图5：迅速连续冲拳，先冲左拳，再冲右拳，动作要连贯，击打目标的中段位，目视目标。

教练提示

冲拳时，双手同时发力，各占50%的力量，双脚保持不动。

第四势图 5

第五势

第五势图1：以右脚为轴，带动左脚，身体向左后方转90°，呈前行步。左手握拳，向前伸直，起到拉力的作用；右手举起，四指并拢，拇指内屈，紧贴虎口位置。

第五势图2：紧接着，右手向内横格，掌心向上；左拳收于腰带位置，拳心向上。双手同时发力，各占50%的力量，目视目标。

教练提示

右手向内横格时，手臂稍微弯曲，手掌与肩膀保持同一水平高度。

第五势图 ❶

第五势图 ❷

第六势

第六势图 ❶

第六势图 ❷

第六势图1：左脚支撑，右脚向前上步，呈右前行步。右手握拳，向前伸直，起到拉力的作用；左手举起，四指并拢，拇指内屈，紧贴虎口位置。

第六势图2：紧接着，左手向内横格，掌心向上；右拳收至腰带位置，拳心向上。双手同时发力，各占50%的力量，目视目标。

教练提示

左手向内横格时，手臂稍微弯曲，手掌与肩膀保持同一水平高度。

第七势

第七势图1：以右脚为轴，带动左脚，身体向后转90°，呈三七步，两脚之间保持一脚半的距离，重心落在右脚。两手手臂交叉，左手刀掌心向内，位于右腰间；右手握拳，位于左肩上。

第七势图2：紧接着，左手向外横砍单手刀，用手掌外沿击打目标；同时右手贴着身体向后顶肘，拳心向上，位于腰间。双手同时发力，各占50%的力量，目视目标。

教练提示

呈三七步时，前脚竖起，后脚打横。

第七势图 ❶

第七势图 ❷

第八势

第八势图1：右脚支撑，左脚向前跨半步，变成左前弓步；左手握拳，手臂向前伸直，起到拉力的作用。

第八势图2：紧接着，右手冲拳，左拳收于腰带位置，拳心向上；双手同时发力，各占50%的力量；右腿绷直，左腿弯曲，重心落在左脚，目视目标。

教练提示

右手冲拳，击打的是目标的中段位置。

第八势图 ❶

第八势图 ❷

第九势

第九势图 ❶

第九势图 ❷

第九势图 ❸

第九势图1：以左脚为轴，身体向右后方转180°，右脚向后上步，呈右三七步，重心落在左脚。两手手臂交叉，右手刀掌心向内，位于左腰间；左手握拳，位于右肩上。

第九势图2、图3：紧接着，右手单手刀向外横砍；同时左手贴着身体向后顶肘，拳心向上，位于腰间。双手同时发力，各占50%的力量，目视目标。

教练提示

右手刀砍出后，与自己的人中部位在同一水平高度。

第十势

第十势图1、图2：左脚支撑，右脚向前跨半步，呈右弓步；右手握拳，向前伸直，起到拉力的作用。左手紧跟着冲拳；同时右手收于腰带位置，拳心向上。双手同时发力，各占50%的力量，目视目标。

教练提示

左手冲拳，击打的是目标的中段位置。

第十势图 ❶

第十势图 ❷

第十一势

第十一势图 ❶

第十一势图 ❷

第十一势图1：以右脚为轴，带动左脚，身体向左后方转90°，呈前行步；左手握拳，向前伸直，起到拉力的作用。

第十一势图2：紧接着，右手内挡防御，拳心向内；同时左手贴着身体向后顶肘，拳心向上，位于腰间。双手同时发力，各占50%的力量，目视目标。

教练提示

右手内挡防御时，小手臂与手腕绷成一条直线。

第十二势

第十二势图1：左脚支撑，右脚向前上一步，呈前行步；右手握拳，向前伸直，起到拉力的作用。

第十二势图2：紧接着，左手内挡防御，拳心向内；同时右手贴着身体向后顶肘，拳心向上，位于腰间。双手同时发力，各占50%的力量，目视目标。

教练提示

左手内挡防御时，小手臂与手腕绷成一条直线。

第十二势图 ❶

第十二势图 ❷

第十三势

第十三势图1：以右脚为轴，带动左脚，身体向左后方转270°，呈前行步；双手握拳，手臂交叉，左手在上，右手在下。

第十三势图2、图3：紧接着，左手下挡防御，同时右手贴着身体向后顶肘，拳心向上，位于腰间。双手同时发力，各占50%的力量，目视目标。

第十三势图 ❶

第十三势图 ❷

第十三势图 ❸

教练提示

下挡防御时，左手贴着右手臂向下格挡。

第十四势

第十四势图 ❶

第十四势图 ❷

第十四势图 ❸

第十四势图 ❹

第十四势图 ❺

第十四势图1、图2：左脚支撑，右腿屈膝上提；双手握拳，放于右边腰带位置；右脚前踢，脚背绷直，脚趾上勾，用右脚脚掌击打目标。

第十四势图3：右脚落地，呈右弓步；左手握拳，向前伸直，起到拉力的作用。

第十四势图4、图5：连续冲拳，先冲右拳，再冲左拳；动作要连贯，左腿挺直，右腿弯曲，重心落在右脚，目视目标。

教练提示

冲拳时，击打目标的中段位置，双脚保持不动。

第十五势

第十五势图 ❶

第十五势图 ❷

第十五势图 ❸

第十五势图1、图2：以左脚为轴，身体向右后方转180°，右脚向前上步，呈右前行步；右拳放于左肩上，左臂向下伸直。

第十五势图3：紧接着，右拳下挡防御，右拳与右腿之间保持两拳的距离，拳心向下；左拳收于腰带位置，拳心向上。双手同时发力，各占50%的力量，目视目标。

教练提示

身体向右后转时，右脚脚后跟要抬起。

第十六势

第十六势图1、图2：右脚支撑，左腿屈膝上提；双手握拳，放于左边腰带位置；左脚前踢，脚背绷直，脚趾勾起。

教练提示

左脚前踢完向前落地时，右臂要同时向前伸直。

第十六势图 ❶

第十六势图 ❷

第十六势图 3

第十六势图 4

第十六势图 5

第十六势图3、图4、图5：左脚落地，呈左弓步；右手握拳，向前伸直，起到拉力作用。连续冲拳，先冲左拳，再冲右拳，目视目标。

第十七势

第十七势图 1

第十七势图 1（正面）

第十七势图 2

第十七势图 2（正面）

第十七势图 ❸

第十七势图 ❸
（正面）

第十七势图 ❹

第十七势图 ❹
（正面）

第十七势图1：以右脚为轴，双手握拳，双臂交叉，左手在上、右手在下，带动左脚，身体向左后方转90°，呈左前行步。

第十七势图2、图3：紧接着，左手下挡防御，右手贴着身体向后顶肘，拳心向上，位于腰间；然后左手握拳，向前伸直，起辅助作用。

第十七势图4：紧跟着，右手冲拳，同时左手贴着身体向后顶肘，拳心向上，位于腰间；双手同时发力，各占50%的力量，目视目标。

教练提示

左手下挡防御后，左手由下向上抬起并向前伸直，与冲拳不同。

第十八势

第十八势图 ❶

第十八势图 ❶（正面）

第十八势图 ❷

第十八势图 ❷（正面）

第十八势图 ❸

第十八势图 ❸（正面）

第十八势图 ❹

第十八势图 ❹（正面）

第十八势图1、图2：左脚支撑，右脚向前上步，呈右前行步，右拳放左肩上，左臂向下伸直；接着右拳下挡防御，左手收至腰带位置，拳心向上。

第十八势图3、图4：右手伸直，起到拉力的作用。紧接着，左手冲拳，击打目标的中段位置；右手握拳收至腰带位置，拳心向上。双手同时发力，各占50%的力量，目视目标。

教练提示

保持腰板挺直，避免冲拳时肩膀歪斜。

第十九势

第十九势图 ❶

第十九势图 ❷

第十九势图 ❸

第十九势图 ❶
（正面）

第十九势图 ❷
（正面）

第十九势图 ❸
（正面）

第十九势图 4

第十九势图 4
（正面）

第十九势图 5

第十九势图 5
（正面）

第十九势图1、图2、图3：右脚支撑，左脚脚跟离地，脚掌蹬地并迅速提膝；左脚脚趾上勾，将小腿弹出，用脚掌发力击打目标，落地后，呈前行步；双手握拳，双臂交叉，左手在上而右手在下，左拳放在右肩上。

第十九势图4、图5：左手下挡防御，右手贴着身体向后顶肘，拳心向上，位于腰间；然后左手握拳，向前伸直，起辅助的作用。紧跟着，右手冲拳，同时左手贴着身体向后顶肘，拳心向上，位于腰间。双手同时发力，各占50%的力量，目视目标。

教练提示

左脚提膝后，大腿和小腿要尽量贴紧，利于小腿以更大的力量踢出。

第二十势

第二十势图1：左脚支撑，右腿屈膝上提，双手握拳，放于右边腰带位置。

第二十势图2：右脚前踢，脚背绷直，脚趾上勾，用右脚脚掌击打目标。

第二十势图 ❶

第二十势图 ❷

第二十势图 ❶（正面）

第二十势图 ❷（正面）

第二十势图 ❸

第二十势图 ❹

第二十势图 ❺

第二十势图 ❸（正面）

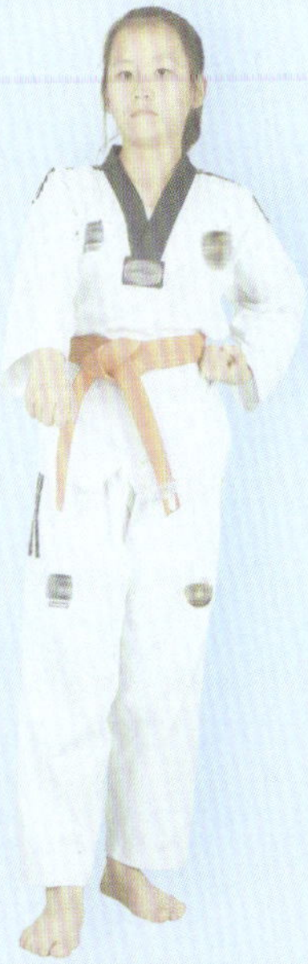

第二十势图 ❹（正面）

第二十势图 ❺（正面）

第二十势图3、图4、图5：右脚落于前方，呈右前行步。紧接着，右手下挡防御，与右腿之间保持两拳的距离。紧跟着，左手冲拳，并发出声音“耶”；右拳收于腰带位置，拳心向上。双手同时发力，各占50%的力量，目视目标。

教练提示

发出的声音要洪亮、有力。

收势

收势图 ❶

收势图 ❷

收势图 ❸

收势图 ❹

收势图1、图2、图3、图4：以右脚为轴，收左脚，身体向左后方转180°；双手握拳，由下向上至胸口位置，再旋转向下至腰带位置，回到准备势。此过程大概需要8秒。

教练提示

动作不要太快，可以在心中默数8秒。

太极四章

太极四章具有八卦中的“震”之意。“震”代表浩然正气、威风凛凛，有令人望而生畏之意。本章招式由手刀接招、手刀攻击、贯手等练起，继而进入中段外接招、侧踢等难度较高的技法，尤以中段外接招为重。侧踢技法要把重心保持在动作线上，同时要注意避免因用力过猛而滑倒。本章动作较难，演练时应多加注意。

立正

立正图

立正图：双脚靠拢，双手握拳，贴着身体两侧自然下垂，收腹挺胸，目视前方。

教练提示

双脚靠拢，脚趾和脚跟都要靠在一起，双脚中间不要有空隙。

敬礼

敬礼图

敬礼图：在立正的基础上，腰弯45°、头低30°，手臂与身体一起弯曲。

教练提示

腰弯45°、头低30°后，心里默数2秒再抬头。

准备势

准备势图：在立正的基础上，左脚向左侧跨出一步，两脚脚趾向前。同时双手四指并拢，拇指伸直，由下向上握拳，慢慢提到胸口位置；再向下旋转双拳于腰带部位，拳心向内，拳眼相对。整个过程大概需要8秒。双拳与自己身体之间保持一拳的距离，两拳中间同样保持一拳的距离；两手臂微微弯曲，双眼平视前方。

教练提示

左脚向左外侧跨一步，两脚之间为一脚的距离，不要过大或过小。在做该动作的过程中，可以在心中默数8秒。

准备势图

第一势

第一势图1：身体向左转，左脚向左转90°，右脚打横不动；左手放于右边腰带位置，右手向后伸直；两脚之间保持一脚半的距离。

第一势图2：双手同时向前横格，各占50%的力量；左手刀高度与人中部位平行；右手刀置于胸前，掌心向上。目视目标。

第一势图❶

第一势图❷

教练提示

左脚向左转90°后呈三七步。

第二势

教练提示

右手贯手时，手掌是一个切面，掌心向左，拇指在上方。

第二势图❶

第二势图❷

第二势图1、图2：左脚支撑，右脚向前上步，呈右弓步，左手掌向前推出；紧接着，右手贯手向前插击目标的胸口位置，左手手背托住右肘。双手同时发力，各占50%的力量。左腿绷直，右腿弯曲，重心落在右脚，目视目标。

第三势

第三势图 ❶

第三势图 ❷

第三势图1： 以左脚为轴，右手刀掌心向内，位于左腰间；左手刀掌心向内，朝左后伸直。移动右脚，身体向右后方转135°，呈三七步。

第三势图2： 右手由后向前旋转横砍，掌心向外倾斜45°；左手由后向前平刺，掌心向上，位于心窝部位。双手同时发力，各占50%的力量，目视目标。

教练提示

右手刀是用手掌外侧的软骨部位击打目标，左手平刺目标的肋部。

第四势

第四势图 ❶

第四势图 ❷

第四势图1、图2： 右脚支撑，保持左腿的弯度；左脚脚跟离地，脚掌贴着地面向前上一步；身体向右后方转45°，呈弓步。同时左手贯手向前插击对方的胸口位置，右手背托住左肘。双手同时发力，各占50%的力量。右腿绷直，左腿弯曲，重心落在左脚，目视目标。

教练提示

右脚脚尖向外展15°～30°。

第五势

第五势图1：以右脚为轴，带动左脚，身体向左后方旋转90°，呈左弓步；左手刀掌心向内，位于右腰间；右手刀掌心向内，朝右后伸直。

第五势图2：左手刀由下旋转向上砍击，掌心向外；同时右手刀由后向内横砍，掌心向上。双手同时发力，各占50%的力量，目视目标。

教练提示

左手刀砍击后放在与头顶差不多的高度，右手刀横砍后与颈部保持同一水平高度。

第五势图 ❶

第五势图 ❷

第六势

第六势图1、图2：左脚支撑，右腿屈膝上提，双手握拳，放于右边腰带位置。紧接着，右脚前踢，脚背绷直，脚趾上勾，用右脚脚掌击打目标的人中部位。

第六势图3、图4：右脚向前落地，呈右弓步，左腿绷直，右腿弯曲；右臂伸直，拳心向下，起到拉力的作用。紧跟着，左手冲拳，右拳收于腰带位置，拳心向上。双手同时发力，各占50%的力量，目视目标。

教练提示

左手冲拳时，攻击目标的中段位置。

第六势图 ❶

第六势图 ❷

第六势图 ❸

第六势图 ❹

第七势

第七势图 ❶ 第七势图 ❷ 第七势图 ❸ 第七势图 ❹

第七势图1、图2、图3：以右脚为轴，左腿屈膝上提，侧转；右脚转动90°，左脚侧踢；双手握拳，置于左边腰带位置。

第七势图4：左脚向前落地，呈实战姿势，目视目标。

教练提示

在踢腿的同时，双手握拳，放于左边腰带位置。

第八势

第八势图 ❶ 第八势图 ❷ 第八势图 ❸ 第八势图 ❹

教练提示

右手刀是用手掌外侧的软骨部位击打目标，左手平刺目标的肋部。

第八势图1：以左脚为轴，右腿屈膝上提；双手握拳，置于右边腰带位置。

第八势图2、图3：左脚转90°，右脚侧踢，右脚向前落地，呈左后三七步。右手刀掌心向内，位于左腰间；左手刀掌心向内，朝左后伸直。

第八势图4：右手由后向前旋转横砍，掌心向外倾斜45°；左手由后向前平刺，掌心向上，位于心窝部位。双手同时发力，各占50%的力量，目视目标。

第九势

第九势图1：以右脚为轴，双手握拳，手臂交叉，右手在上而左手在下，带动左脚，身体向左后方转225°，呈三七步。

第九势图2、图3：左手外挡防御，同时右手贴着身体向后顶肘，拳心向上，位于腰间。双手同时发力，各占50%的力量，目视目标。

第九势图 ❶

第九势图 ❸

第九势图 ❷

教练提示

三七步的两脚之间保持一脚半的距离。

第十势

第十势图1、图2：左脚支撑，右腿屈膝上提，双手握拳，放于右边腰带位置；右脚前踢，脚背绷直，脚趾上勾。

第十势图3、图4：踢完向后落地，呈三七步，左臂伸直，拳心向下，起到拉力作用；紧接着，右手内挡防御，同时左拳收于腰带位置，拳心向上。双手同时发力，各占50%的力量，目视目标。

教练提示

右手内挡防御时，小手臂与手腕绷成一条直线。

第十势图 ❶

第十势图 ❷

第十势图 ❸

第十势图 ❹

第十一势

第十一势图1： 以左脚为轴，双手握拳，手臂交叉，左手在上、右手在下，带动右脚，身体向右后方转135°，呈三七步。

第十一势图2、图3： 右手外挡防御，同时左手贴着身体向后顶肘，拳心向上，位于腰间。双手同时发力，各占50%的力量；身体面向右前方45°，目视目标。

第十一势图 ❶

第十一势图 ❷

第十一势图 ❸

教练提示

呈三七步时，前脚竖起，后脚打横。

第十二势

第十二势图1、图2： 右脚支撑，左腿屈膝上提，双手握拳，放于左边腰带位置；左脚前踢，脚背绷直，脚趾上勾，用左脚脚掌击打目标。

第十二势图3、图4： 踢完向后落地，呈三七步；右臂伸直，拳心向下，起到拉力的作用。紧接着，左手内挡防御，右手收于腰带位置，拳心向上。双手同时发力，各占50%的力量，目视目标。

第十二势图 ❶

第十二势图 ❷

第十二势图 ❸

第十二势图 ❹

教练提示

左手内挡防御时，小手臂与手腕绷成一条直线。

第十三势

第十三势图 ❶

第十三势图 ❷

第十三势图 ❶（正面）

第十三势图 ❷（正面）

第十三势图1： 以右脚为轴，带动左脚，身体向左后方转45°，呈左弓步。左手刀掌心向内，位于右边腰带位置；右手刀掌心向内，朝右后伸直。

第十三势图2： 左手刀由下旋转向上砍击，掌心向外；同时右手刀由后向内，横砍目标的颈部。双手同时发力，各占50%的力量；右腿绷直，左腿弯曲，重心落于左脚，目视目标。

教练提示

左手刀与额头之间保持一拳的距离。

第十四势

第十四势图 ❶

第十四势图 ❶（正面）

第十四势图 ❷

第十四势图 ❷（正面）

第十四势图 ❸

第十四势图 ❸（正面）

第十四势图 ❹

第十四势图 ❹（正面）

第十四势图1：左脚支撑，右腿屈膝上提；双手握拳，放于右边腰带位置。

第十四势图2、图3：右脚前踢，脚背绷直，脚趾上勾；右脚踢完向前落地，呈右弓步；手臂交叉，右手臂在内，左手臂在外。

第十四势图4：右手臂贴着左手臂内侧，由内向前旋转为外摆拳，击打目标的人中部位，拳心向内；同时左手贴着身体向后顶肘，拳心向上，位于腰间。双手同时发力，各占50%的力量，目视目标。

教练提示

右脚前踢时，用脚掌击打目标。

第十五势

第十五势图 ❶

第十五势图 ❷

第十五势图1：以右脚为轴，带动左脚，身体向左后方转90°，呈前行步；右臂伸直，拳心向下，起到拉力的作用，左臂弯曲，向外举起。

第十五势图2：紧接着，左手内挡防御，同时右拳收于腰带位置，拳心向上。双手同时发力，各占50%的力量，目视目标。

教练提示

左手内挡防御时，小手臂与手腕绷成一条直线。

第十六势

第十六势图 ❶

第十六势图 ❷

第十六势图1：两脚保持原地不动，左臂伸直，拳心向下，起到拉力的作用。

第十六势图2：右手冲拳，击打目标的中段位；左手握拳，收于腰带位置，拳心向上。双手同时发力，各占50%的力量，目视目标。

教练提示

腰板挺直，避免冲拳时肩膀歪斜。

第十七势

第十七势图 ❶

第十七势图 ❷

第十七势图1：以左脚为轴，带动右脚，身体向右后方转180°，呈右前行步；左臂伸直，拳心向下，起到拉力的作用，右臂弯曲，向后举起。

第十七势图2：紧接着，右手内挡防御，同时左拳收于腰带位置，拳心向上。双手同时发力，各占50%的力量，目视目标。

教练提示

右手内挡防御时，小手臂与手腕绷成一条直线。

第十八势

第十八势图 ❶

第十八势图 ❷

第十八势图1：两脚保持原地不动，右臂伸直，拳心向下，起到拉力的作用。

第十八势图2：紧接着，左手冲拳，击打目标的中段位置，同时右拳收至腰带位置，拳心向上。双手同时发力，各占50%的力量，目视目标。

教练提示

腰板挺直，避免冲拳时肩膀歪斜。

第十九势

第十九势图1、图2：以右脚为轴，带动左脚，身体向左后方转90°，呈左弓步；右臂伸直，拳心向下，起到拉力的作用。左手内挡防御的同时，右拳收至腰带位置，拳心向上。

第十九势图 1

第十九势图 2

第十九势图 1（正面）

第十九势图 2（正面）

第十九势图 ❸

第十九势图 ❹

第十九势图 ❺

第十九势图 ❸（正面）

第十九势图 ❹（正面）

第十九势图 ❺（正面）

第十九势图3、图4、图5：左手握拳，向前伸直，起到拉力的作用。紧跟着，右手冲拳，再左手冲拳，右拳收至腰带位置，拳心向上。双手同时发力，各占50%的力量，目视目标。

教练提示

冲拳时击打目标的中段部位，两脚保持不动。

第二十势

第二十势图1、图2：左脚支撑，右脚向前上一步，呈右弓步；左臂伸直，拳心向下，起到拉力的作用；右手内挡防御的同时，左拳收至腰带位置，拳心向上。

第二十势图 ❶

第二十势图 ❷

第二十势图 ❶（正面）

第二十势图 ❷（正面）

第二十势图 ❸

第二十势图 ❹

第二十势图 ❺

第二十势图 ❸（正面）

第二十势图 ❹（正面）

第二十势图 ❺（正面）

第二十势图3、图4、图5： 右手向前伸直，拳心向下，起到拉力的作用。紧跟着，冲左拳，再冲右拳，并发出声音“耶”，拳头击打目标的中段位置；左拳收至腰带位置，拳心向上。双手手臂同时发力，各占50%的力量，目视目标。

教练提示

右手冲拳时一定要发出声音，而且声音要洪亮、有力。

收势

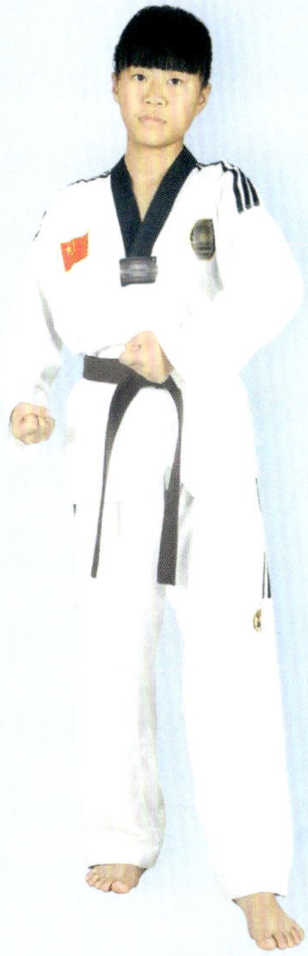

收势图 1

收势图 2

收势图 3

收势图 4

收势图1、图2、图3、图4：以右脚为轴，收左脚，身体向左后方转180°；双手握拳，由下向上至胸口位置，再旋转向下至腰带位置，回到准备势。此过程大概需要8秒。

教练提示

动作不要太快，可以在心中默数8秒。

太极五章

太极五章对应八卦中的“巽”。巽，即风之意。风又分为微风与强风，微风表示静谧，而强风含有威猛之势。太极五章的招式即具有这种含义，整套动作的演练在前半段较慢而且显得安静，但至后半段渐显威猛之势，变得强劲有力、气势澎湃。

太极五章除了有正拳、侧踢等技术，肘击、跳步和砸拳等技法也被融入其中。

立正

立正图：双脚靠拢，双手握拳，贴着身体两侧自然下垂，收腹挺胸，双眼目视前方。

教练提示

双脚靠拢，脚趾和脚跟都要靠在一起，双脚中间不要有空隙。

立正图

敬礼

敬礼图：在立正的基础上，腰弯45°、头低30°，手臂与身体一起弯曲。

敬礼图

教练提示

腰弯45°、头低30°后，心里默数2秒再抬头。

准备势

准备势图：在立正的基础上，左脚向左侧跨出一步，两脚脚趾向前；同时双手四指并拢，拇指伸直，由下向上握拳，慢慢提到胸口位置；再向下旋转至双拳位于腰带部位，拳心向内，拳眼相对。整个过程大概需要8秒。双拳与身体之间保持一拳的距离，两拳中间同样保持一拳的距离，两手臂微微弯曲，双眼平视前方。

教练提示

左脚向左外侧跨一步，两脚之间为一脚的距离，不要过大或过小。在做该动作的过程中，可以在心中默数8秒。

准备势图

第一势

第一势图 ❶

第一势图 ❷

第一势图 ❸

第一势图1：身体向左转90°，左脚向前上步，呈左弓步，重心落在左脚。左手握拳放于右肩上；右手握拳伸直，拳心向下，起到拉力的作用。

第一势图2、图3：紧接着，左手下挡防御，右拳收至腰带位置，拳心向上；左手与左腿之间保持两拳的距离，拳心向下。双手同时发力，各占50%的力量，目视目标。

教练提示

两脚之间的距离保持不变，维持重心稳定。

第二势

第二势图 ❶

第二势图 ❷

第二势图1：右脚支撑，左脚收回，两脚之间保持一个半脚的距离，身体面向左45°；双手交叉，右手在外侧，左手在内侧。

第二势图2：左拳以弧形锤拳砸击目标的额头或肩膀锁骨位置，拳心向内；右拳收至腰带位置，拳心向上，目视左前方。

教练提示

左拳向前锤击是以弧线进行的，拳的虎口朝上。

第三势

第三势图1：左脚支撑，身体向右后方转180°，同时右脚向前上步，呈右弓步；右腿弯曲，左腿挺直，重心落在右脚上。右拳放于左肩上，拳心向内；左臂伸直，拳心向下，起到拉力的作用。

第三势图2、图3：紧接着，右手下挡防御，左拳收于腰带位置，拳心朝上；右拳与右腿之间保持两拳的距离，拳心朝下。双手同时发力，各占50%的力量，目视目标。

第三势图 1

第三势图 3

第三势图 2

教练提示

右弓步的左脚脚尖向外展15°～30°。

第四势

第四势图1：左脚支撑，右脚收回，面向右45°；两脚脚后跟之间保持一拳距离，右脚竖直，左脚打横，两腿直立；双手交叉，左拳在外侧，右拳在内侧。

第四势图2、图3：右手以弧形锤拳砸击对方额头或肩膀锁骨位置，拳心朝内；左拳收至腰带位置，拳心朝上，目视右前方。

第四势图 1

第四势图 2

第四势图 3

教练提示

右拳向前锤击是以弧线进行的，拳的虎口朝上。

第五势

第五势图 ❶

第五势图 ❷

第五势图 ❸

第五势图1、图2： 右脚支撑，身体向左侧转动，左脚向前上步90°，呈左弓步；右腿挺直，左腿弯曲，重心落在左脚，右脚脚尖向外展15°~30°，目视前方；右臂伸直，拳心向下，起到拉力作用；左手握拳举起，拳心朝外，左手内挡防御。双手同时发力，各占50%的力量。

第五势图3、图4： 左臂伸直，拳心向下，起到拉力的作用。紧跟着，右手内挡防御，左拳收至腰带位置。双手同时发力，各占50%的力量，目视目标。

第五势图 ❹

教练提示

两个内挡防御的动作要连贯，双脚保持原地不动。

第六势

第六势图 ❶

第六势图 ❷

第六势图 ❸

第六势图 ❹

第六势图 ❺

第六势图1、图2：左脚支撑，右腿屈膝上提；双手握拳，放于右边腰带位置；右脚前踢，脚背绷直，脚趾勾起，以右脚脚掌击打目标。

第六势图3、图4：右脚落在前方，呈右弓步；两手交叉，左拳在外侧，右拳在内侧；以右拳为背拳击打对方人中部位，背拳高度与人中位置平行，左拳收于腰带位置，拳心朝上。

第六势图5、图6：右拳向前伸直，拳心向下，起到拉力的作用；左拳向后举起，拳心朝外。接着内挡防御，左拳与肩膀平行，拳心朝内；右拳收至腰带位置，拳心朝上。双手同时发力，各占50%的力量。

第六势图 ❻

教练提示

两个内挡防御的动作要连贯，拳头与肩膀保持在同一水平高度，目视前方。

第七势

第七势图 ❶

第七势图 ❷

第七势图 ❸

第七势图 ❹

第七势图 ❺

第七势图 ❻

第七势图1、图2：右脚支撑，左腿屈膝上提；双手握拳，放于左边腰带位置；左脚前踢，脚背绷直，脚趾勾起，以左脚脚掌击打目标。

第七势图3、图4：左脚落在前方，呈左弓步，右腿挺直，右脚外展15°～30° ，左腿弯曲，重心落在左脚，目视前方。两手交叉，右拳在外侧，左拳在内侧。以左拳为背拳击打对方人中部位，左拳高度与人中位置平行，拳心朝内；右拳收于腰带位置，拳心朝上。

第七势图5、图6：左拳向前伸直，拳心向下，起到拉力的作用；右手握拳举起，拳心朝外。向内横格时，双手各占50%的力量。

教练提示

两个内挡防御的动作要连贯，拳头与肩膀保持在同一水平高度，目视前方。

第八势

第八势图1、图2： 左脚支撑，右脚向前上步，呈右弓步；左腿绷直，左脚脚尖外展15°～30°，右腿弯曲，重心落右脚；目视前方，两手握拳并交叉，右拳在内侧，左拳在外侧。

第八势图3： 右拳以背拳击打对方的人中部位，拳心朝内；左拳收于腰带位置，拳心朝上。

教练提示

右拳以背拳击打对方的人中部位时，右手的小手臂与手腕要绷成一条直线。

第八势图 ❶

第八势图 ❷

第八势图 ❸

第九势

第九势图 ❶

第九势图 ❷

第九势图 ❸

第九势图1： 右脚支撑，身体向左后方转270°，呈右后三七步；右脚打横，左脚竖起，两脚之间保持一脚的距离。左手变成手刀，放于右腰带位置；右拳放在左肩上。

第九势图2、图3： 左手刀向外横格时，双手各占50%的力量；右拳收至腰带位置，拳心朝上，面向左45°，目视左前方。

教练提示

左手刀的手指与自己的人中部位平行。

第十势

教练提示

右手顶肘的时候，力量要达到肘尖部位；同时保持身体重心在右腿，左腿绷直，左脚脚尖向外展15°~30°，力达右肘尖。

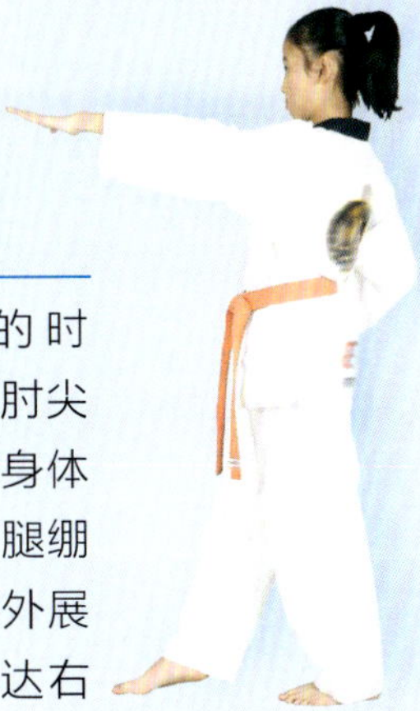
第十势图 ❶

第十势图 ❷

第十势图 ❸

第十势图1：左脚支撑，右脚向前上步，呈右弓步；同时左手向前伸直，拳心向下，起到拉力的作用。

第十势图2、图3：右手臂收缩，向右前方顶肘，击打目标的脸部；左手掌顶住右拳，起到辅助作用。身体面向前方45°，目视肘尖方向。

第十一势

第十一势图 ❶

第十一势图 ❷

第十一势图 ❸

第十一势图1：以左脚为轴，身体向右后方转180°，呈左后三七步，面向右前方45°。双手交叉，右手变成手刀，放在左边腰带位置；左手握拳放在右肩上。

第十一势图2、图3：右手刀向外横格时，双手各占50%的力量；左拳收于腰带位置，拳心朝上，目视右前方。

教练提示

右手刀向外横格时，以手掌外侧的柔软部位击打目标。

第十二势

第十二势图1：右脚支撑，左脚向前上步，呈左弓步；同时右手向前伸直，拳心向下，起到拉力的作用。

第十二势图2、图3：左手臂弯曲，以肘部击打目标的脸部；同时右手掌顶住左拳，起辅助的作用。此时身体面向左前方45° 。

第十二势图 ❶

第十二势图 ❷

第十二势图 ❸

教练提示

用右手掌顶住左拳时，是以掌心贴着左拳的拳面。

第十三势

第十三势图 ❶

第十三势图 ❶（正面）

第十三势图 ❷

第十三势图 ❷（正面）

第十三势图1、图2：右脚支撑，身体向左后转，左脚向左后上步，呈左弓步；左腿弯曲，重心落在左脚，右腿挺直，右脚脚尖向外展15°～30°，目视前方；左手放于右肩上，右臂伸直。接着左手下挡防御，右拳收回至腰带位置，拳心朝上。

第十三势图3、图4：左臂伸直，拳心向下，起到拉力作用；右手握拳，向外举起，拳心朝外。接着右手向内横格，拳心朝内；左拳收于腰带位置，拳心朝上。

第十三势图 ❸

第十三势图 ❹

第十三势图 ❸（正面）

第十三势图 ❹（正面）

教练提示

进行下挡防御及内挡防御时，双脚保持原地不动。

第十四势

第十四势图 ❶

第十四势图 ❶（正面）

第十四势图 ❷

第十四势图 ❷（正面）

第十四势图❸

第十四势图❸（正面）

第十四势图❹

第十四势图❹（正面）

第十四势图❺

第十四势图❺（正面）

第十四势图❻

第十四势图❻（正面）

第十四势图1、图2：左脚支撑，右腿屈膝上提；双手握拳，放于右边腰带位置；右脚前踢，脚背绷直，脚趾上勾，以右脚脚掌击打对方。

第十四势图3、图4：右脚落在前方，呈右弓步，右腿弯曲，重心落在右脚，左腿挺直，左脚脚尖向外展15°～30°，目视前方；右手握拳，放在左肩上；左臂伸直，起到拉力的作用。右拳下挡防御时，双手各占50%的力量；左拳收于腰带位置，拳心朝上。

第十四势图5、图6：右臂伸直，拳心向下，起到拉力的作用；左手握拳，向外举起，拳心朝外。接着左手内挡防御，双手各占50%的力量，左拳与肩膀平行；右拳收至腰带位置，拳心朝上，目视前方。

教练提示

左手内挡防御时，拳头与肩膀在同一水平高度。

第十五势

第十五势图1、图2：右脚支撑，左脚向左前方上步，呈左弓步；左腿弯曲，重心落在左脚，右腿挺直，右脚脚尖向外展15°～30°，腰板挺直，双手握拳交叉。

第十五势图3：左手上挡防御，双手各占50%的力量；右拳收至腰带位置，拳心朝上，目视目标。

教练提示

双手握拳交叉时，右拳放在左肩上，左拳放在右边腰带位置。

第十五势图 ❶

第十五势图 ❷

第十五势图 ❸

第十六势

第十六势图 ❶

第十六势图 ❷

第十六势图 ❸

第十六势图 ❹

第十六势图 ❺

第十六势图1、图2、图3：左脚支撑，右腿屈膝上提；双手握拳，放于右边腰带位置。左脚脚后跟向内旋转180°；右脚侧踢，脚趾上勾。同时右手以背拳击打目标的额头位置。

第十六势图4、图5：右脚落在前方，呈右弓步，右腿弯曲，重心落在右脚，左腿挺直，左脚脚尖向外展15°～30°。接着左手臂向内弯曲，以肘部击打目标的心窝位置；右手四指并拢，以掌心贴住左肘尖，目视目标。

教练提示

侧踢的右腿与右手臂保持平行。

第十七势

第十七势图 ❶

第十七势图 ❷

第十七势图 ❸

第十七势图1：左脚支撑，身体向右后转180°，右脚向后上步，呈右弓步，右腿弯曲，重心落在右脚，左腿挺直，左脚脚尖向外展15°～30°；双手握拳并交叉，左手在内、右手在外。

第十七势图2、图3：右手上挡防御，双手同时发力，各占50%的力量；左拳收于腰带位置，拳心朝上，目视前方。

教练提示

右手上挡防御时，与额头之间保持一拳的距离。

第十八势

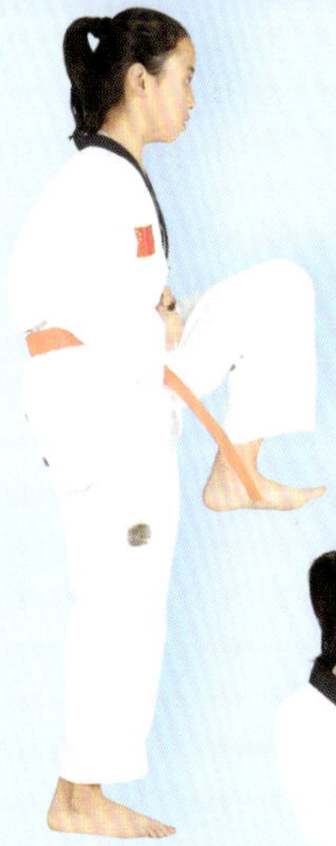

第十八势图 ❶

第十八势图 ❷

第十八势图 ❸

第十八势图 ❹

第十八势图1、图2、图3：右脚支撑，左腿屈膝上提；双手握拳，置于左边腰带位置；右脚脚后跟向内旋转180°；左脚侧踢，脚趾上勾；同时左手以背拳击打目标的额头位置。

第十八势图4、图5：左脚落在前方，呈左弓步。紧接着，右手臂向内弯曲，用肘部击打目标的心窝位置，双手同时发力，各占50%的力量；左手四指并拢，以掌心贴住右肘肘尖，目视目标。

教练提示

左脚侧踢时，左拳与左腿之间保持两拳的距离。

第十八势图 ❺

第十九势

第十九势图1、图2：右脚支撑，身体向左后转90°，左脚向后上步，呈左弓步；左腿弯曲，重心落左脚，右腿挺直，右脚脚尖向外展15°～30°。左拳放于右肩上；右臂伸直，拳心向下，起到拉力作用。紧接着，左手下挡防御，拳心朝下；右拳收于腰带位置，拳心朝上。

第十九势图3、图4：左臂向前伸直，拳心向下，起到拉力的作用；右手握拳，向外举起，拳心朝外。紧接着，右手向内横格；左拳收于腰带位置，拳心朝上，目视前方。

教练提示

右手向内横格时，拳头与肩膀保持同一水平高度；小臂与手腕绷成一条直线。

第十九势图 ❶

第十九势图 ❶（正面）

第十九势图 ❷

第十九势图 ❷（正面）

第十九势图 ❸

第十九势图 ❸（正面）

第十九势图 ❹

第十九势图 ❹（正面）

第二十势

第二十势图1、图2：左脚支撑，右腿屈膝上提；双手握拳，放于右边腰带位置；右腿前踢，脚背绷直，脚趾上勾，用右脚脚掌击打目标的人中部位。

第二十势图 ❶

第二十势图 ❷

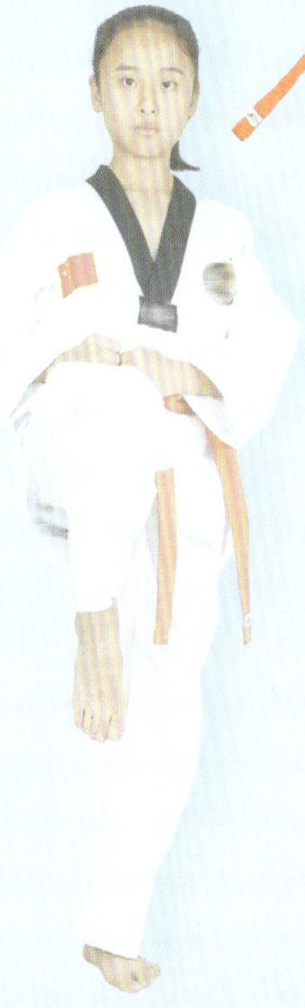

第二十势图 ❶（正面）

第二十势图 ❷（正面）

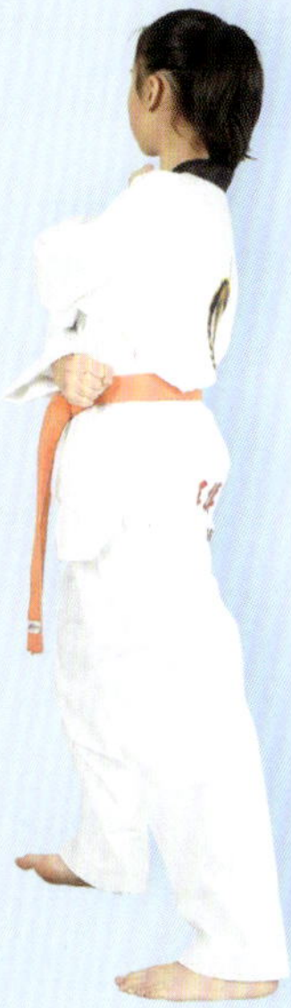

第二十势图 3

第二十势图 4

第二十势图 5

第二十势图 3（正面）

第二十势图 4（正面）

第二十势图 5（正面）

第二十势图3、图4、图5： 右脚落地时，向前跨一步，左脚紧跟着上步；双腿交叉并弯曲；重心落在右脚，左脚脚跟抬起；同时两手交叉，右手在内侧，左手在外侧。接着右拳以背拳击打目标的人中部位，并发出声音“耶”；左拳收于腰带位置，拳心朝上，目视右前方。

教练提示

右拳以背拳击打目标的人中部位时，小臂与手腕要绷成一条直线。

收势

收势图 1

收势图 2

收势图 3

收势图 4

收势图1、图2、图3、图4：以右脚为轴，收左脚，身体向左后转90°；双手握拳由下向上至胸口位置，再旋转向下至腰带位置，回到准备势。此过程大概需要8秒。

教练提示

动作不要太快，可以在心中默数8秒。

太极六章

太极六章对应八卦中的“坎”。“坎”即水，有着如流水般平静但奔流不息、勇往直前的意思。因此，太极六章动作比较柔软。本章除了手刀、前踢、中段防御，首次加入高位横踢训练，演练高位横踢时要快速、猛烈。

立正

立正图：双脚靠拢，双手握拳，贴着身体两侧自然下垂，收腹挺胸，目视前方。

教练提示

双脚靠拢，脚趾和脚跟都要靠在一起，双脚中间不要有空隙。

立正图

敬礼

敬礼图：在立正的基础上，腰弯45°、头低30°，手臂与身体一起弯曲。

教练提示

腰弯45°、头低30°后，心里默数2秒再抬头。

敬礼图

准备势

准备势图：在立正的基础上，左脚向左侧跨出一步，两脚脚趾向前；同时双手四指并拢，拇指伸直，由下向上握拳，慢慢提到胸口位置；再向下旋转双拳至腰带部位，拳心向内，拳眼相对。整个过程大概需要8秒。双拳与身体之间保持一拳的距离，两拳中间同样保持一拳的距离，两手臂微微弯曲，双眼平视前方。

教练提示

左脚向左外侧跨一步，两脚之间为一脚的距离，不要过大或过小。在做该动作的过程中，可以在心中默数8秒。

准备势图

第一势

第一势图 ①

第一势图 ②

第一势图 ③

第　势图1：在准留势的基础上，身体向左转90°，左脚向左前上步，呈左弓步；左腿弯曲，重心落在左脚，右腿挺直，右脚脚尖向外展15°～30°；左拳放于右肩上，右臂向下伸直。

第一势图2、图3：左手下挡防御，右拳收至腰带位置，拳心朝上。双手同时发力，各占50%的力量，目视前方。

教练提示

左手下挡防御时，左拳与左腿之间保持两拳的距离。

第二势

第二势图 ①

第二势图 ②

第二势图 ③

第二势图 4

第二势图1、图2：左脚支撑，右腿屈膝上提；双手握拳，放于右边腰带位置；右脚前踢，脚背绷直，脚趾上勾，用右脚脚掌击打目标的人中部位。

第二势图3：右脚收至原位，呈右后三七步，面向左前方45°；同时两手握拳交叉，左拳在外、右拳在内。

第二势图4：紧接着，左手外挡防御，拳心朝下，与肩膀平行；右拳收至腰带位置，拳心朝上。双手同时发力，各占50%的力量，目视左前方。

教练提示

呈三七步时，右脚打横，左脚竖直，两腿稍微弯曲，两脚之间保持一脚半的距离。

第三势

第三势图 1

第三势图 2

第三势图 3

第三势图1：左脚支撑，身体向右后转180°；右脚向前上步，呈右弓步。右拳放于左肩上；左臂伸直，拳心向下，起到拉力的作用。

第三势图2、图3：右手下挡防御，拳心朝下；左拳收于腰带位置，拳心朝上。双手同时发力，各占50%的力量，目视前方。

教练提示

呈右弓步时，右腿弯曲，左腿挺直，左脚脚尖向外展15°～30°，重心落在右脚。

第四势

第四势图 ❶

第四势图 ❷

第四势图 ❸

第四势图 ❹

第四势图1、图2：右脚支撑，左腿屈膝上提；双手握拳，放于左边腰带位置；左脚前踢，脚背绷直，脚趾上勾，用左脚脚掌击打目标的人中部位。

第四势图3、图4：左脚收至原位，呈左后三七步；左脚打横，右脚竖直，两腿弯曲下蹲，两脚之间保持一个半脚距离，面向右前方45°；同时两手交叉，右拳在外、左拳在内。

第四势图5：右拳外挡防御，右拳高度与肩膀平行；左拳收于腰带位置，拳心朝上。双手同时发力，各占50%的力量，目视右前方。

教练提示

左脚落地收回原位时，左拳放于右肩上，右拳放于左边腰带位置。

第四势图 ❺

第五势

第五势图 1　第五势图 2　第五势图 3

第五势图1：右脚支撑，左脚向左前方上步，呈左弓步；左腿弯曲，右腿挺直，右脚脚尖向外展15°～30°，重心落在左脚。同时两手交叉，右拳变为手刀，放于左边腰带位置。左拳放于右肩上。

第五势图2、图3：右手手刀向外横格，左拳收至腰带位置，拳心朝上。双手同时发力，各占50%的力量，目视目标。

教练提示

注意拳与手刀的变换。右手刀向外横格时，手掌与自己的人中部位在同一水平高度。

第六势

第六势图 1　第六势图 2　第六势图 3　第六势图 4

第六势图1：左脚支撑，右腿屈膝上提；同时双手握拳，放于右边腰带位置。

第六势图2、图3：左脚脚后跟向内旋转180°，身体也跟着旋转。紧接着，右脚横踢，脚背绷直，脚趾上勾，用右脚脚掌击打目标的额头位置。

第六势图4：右脚向前落地，呈右前行步，目视前方。

教练提示

左脚脚后跟向内旋转180°时，右腿保持收紧并且与地面平行。

第七势

第七势图 ❶

第七势图 ❷

第七势图 ❸

第七势图1：右脚支撑，左脚向左前方上步，呈左弓步；左腿弯曲，右腿挺直，右脚脚尖向外展15°～30°，重心落在左脚。同时两手握拳交叉，左拳放于右腰带位置；右拳放于左肩上。

第七势图2、图3：左拳外挡防御，拳心朝下，与肩膀平行；右拳收回至腰带位置，拳心向上。两脚原地不动，接着右手冲拳，击打目标的中段部位，拳心朝下；左拳收至腰带位置，拳心朝上。双手同时发力，各占50%的力量，目视目标。

教练提示

在右手冲拳之前，左臂先要伸直，拳心向下，起到拉力的作用。

第八势

第八势图1、图2：左脚支撑，右腿屈膝上提；双手握拳，收于右边腰带位置；右脚前踢，脚背绷直，脚趾上勾，用右脚脚掌击打目标的人中部位。

第八势图3、图4：右脚向前落地，呈右弓步。左拳放于腰带位置；右臂伸直，拳心向下，起到拉力的作用。接着左手冲拳，击打目标的中段部位，拳心朝下；右拳收至腰带位置，拳心朝上。双手同时发力，各占50%的力量，目视目标。

第八势图 ❶

第八势图 ❷

第八势图 ❸

第八势图 ❹

教练提示

呈右弓步时，右腿弯曲，左腿挺直，左脚脚尖外展15°～30°，重心落在右脚。

第九势

第九势图 ❶

第九势图 ❷

第九势图 ❸

第九势图 ❹

第九势图1： 右脚支撑，身体向右后转180°；左脚向前上步，呈左弓步。同时双手握拳交叉，右拳放于左肩上，左拳放于右边腰带位置。

第九势图2、图3、图4： 左手外挡防御，拳心向下；右手收于右边腰带位置。紧接着，右脚向前上步，呈右弓步。同时右手冲拳，手臂向前伸直；左拳收至左边腰带位置。双手同时发力，各占50%的力量，目视目标。

教练提示

右手冲拳击打目标的中段部位，左手收至腰带位置，注意肩膀不要歪斜。

第十势

第十势图 ❶

第十势图 ❷

第十势图 ❸

第十势图 ❹

第十势图1、图2： 左腿支撑，右腿屈膝上提；双手握拳，放于右边腰带位置；右脚前踢，脚背绷直，脚趾上勾，用右脚脚掌击打目标的人中部位。

第十势图3、图4： 右脚向前落地，呈右弓步。同时右臂向前伸直，拳心向下，起到拉力的作用；左拳收至腰带位置。紧接着，左手冲拳，拳心向下，击打目标的中段部位；右拳收至腰带位置，拳心向上。双手同时发力，各占50%的力量。

教练提示

呈右弓步时，右腿弯曲，左腿绷直，左脚脚尖向外展15°~30°，重心落在右脚。

第十一势

第十一势图 ❶

第十一势图 ❷

第十一势图 ❸

第十一势图1：右脚支撑，身体向左后转90°；左脚收回，呈自然开立步，两脚之间保持一脚的距离。同时双手握拳交叉，右拳放于左肩上，左拳放于右肩上。

第十一势图2、图3：紧接着，双手慢慢往下打开，手臂伸直，放于身体的两侧，这个过程大约需要8秒；拳头与身体之间保持一拳的距离，目视前方。

教练提示

双手往下打开时，速度不要太快，可以在心里默数8秒。

第十二势

第十二势图1：左脚支撑，右脚向前上步，呈右弓步；同时双手握拳交叉，左手刀放于右边腰带位置，右拳放于左肩上。

第十二势图2、图3：接着，左手刀向外横格，右拳收于腰带位置，拳心朝上。双手同时发力，各占50%的力量，目视目标。

教练提示

左手刀向外横格时，手掌与自己的人中部位在同一水平高度。

第十二势图 ❶

第十二势图 ❷

第十二势图 ❸

第十三势

第十三势图1、图2：右脚支撑，左腿屈膝上提；双手握拳，放于左边腰带位置；右脚脚后跟向内旋转180°，身体也跟着旋转。

第十三势图3、图4：左脚横踢，脚背绷直，脚趾上勾，用左脚脚掌击打目标的额头部位，同时发出声音“耶”；左脚向前落下，呈左前行步。

第十三势图❶

第十三势图❸

第十三势图❷

第十三势图❹

教练提示

左脚横踢时，目视目标的额头部位。

第十四势

第十四势图❶

第十四势图❷

第十四势图❸

第十四势图1、图2：双手握拳交叉，右拳放于左肩上；左臂伸直，拳心向下，起到拉力的作用。左脚支撑，身体向右后转180°；右脚向后上步，呈右弓步。

第十四势图3：右手下挡防御，拳心朝下；左拳收于腰带位置，拳心朝上。右拳与右腿之间保持两拳的距离；双手同时发力，各占50%的力量，目视前方。

教练提示

呈右弓步时，右脚弯曲，左腿挺直，左脚脚尖向外展15°～30°，重心落在右脚。

第十五势

第十五势图 ❶

第十五势图 ❷

第十五势图 ❸

第十五势图 ❹

第十五势图 ❺

第十五势图1、图2：右脚支撑，左腿屈膝上提；双手握拳，放于左边腰带位置；左脚前踢，脚背绷直，脚趾上勾，用左脚脚掌击打目标的人中部位。

第十五势图3、图4、图5：左脚向后落地，呈左后三七步，身体面向右前方45°；同时双手握拳交叉，左拳放于右肩上，右拳放于左边腰带位置。紧接着，右手向外横格，拳心朝下，与肩膀平行；左拳收于腰带位置，拳心朝上。目视右前方。

教练提示

呈左后三七步时，左脚打横，右脚竖直，两脚之间保持一脚的距离。

第十六势

第十六势图 ❶

第十六势图 ❷

第十六势图 ❸

第十六势图1： 右脚支撑，身体向左后转180° ；左脚向左前方上步，呈左弓步。左脚弯曲，右腿挺直，右脚脚尖向外展15°～30° ；同时左拳放于右肩上，右拳放于左边腰带位置。

第十六势图2、图3： 紧接着，左手下挡防御，拳心朝下；右拳收至腰带位置，拳心朝上。双手同时发力，各占50%的力量，目视目标。

教练提示

左手下挡防御前，右臂伸直，拳心向下，起到拉力的作用。

第十七势

第十七势图 ❶

第十七势图 ❷

第十七势图 ❸

第十七势图 ❹

第十七势图 5

第十七势图1、图2： 左脚支撑，右腿屈膝上提；双手握拳放于右边腰带位置；右脚前踢，脚背绷直，脚趾上勾，用右脚脚掌击打目标的人中部位。

第十七势图3、图4、图5： 右脚收回原位，呈右后三七步，右脚打横，左脚竖直；身体面向左前方45°，两脚之间保持一脚的距离，同时双手握拳交叉。紧接着，左手向外横格挡，拳心朝下，右拳收至腰带位置，拳心朝上，目视左前方。

教练提示

左手向外横格挡，左拳与肩膀在同一水平高度。

第十八势

第十八势图 1

第十八势图 2

第十八势图 3

教练提示

在身体向左转90°的同时，双手就由拳变为手刀。

第十八势图1、图2： 左脚支撑，身体向左转90°，同时左手刀放于右边腰带位置，右手刀向后伸直；左脚向左前方上步，呈右后三七步；右脚打横，左脚竖直，两脚之间保持一脚的距离，身体面向左前方45°。

第十八势图3： 双手刀同时向前横格，左手刀的指尖与自己的人中部位平行；右手刀放于胸口位置，掌心朝上。

第十九势

第十九势图1： 以右脚为轴，左脚脚掌贴着地面向后直线退步；同时身体向左后转180°，呈三七步。右手掌放于左边腰带位置，掌心向内；左手向后伸直，掌心向内。

第十九势图2、图3： 右手刀由内向外旋转横砍，掌心向内偏斜45°，用手掌外侧的软骨部位击打目标；左手刀由后向前平刺，掌心向上。双手同时发力，各占50%的力量，目视目标。

第十九势图❶

第十九势图❷

第十九势图❸

教练提示

双手刀向前横格，右手刀的手指与自己的人中部位平行，左手刀放于胸口位置。

第二十势

第二十势图1： 以左脚为轴，右脚脚掌贴着地面向后直线退步；同时身体向右后转180°，呈三七步。右手握拳，拳心向下，向前伸直；左手掌上举于左肩后方，掌心向外。

第二十势图2： 紧接着，左手掌内旋转，由后向前横格，用手掌的根部击打目标；同时右手握拳贴着身体向后顶肘，拳心向上，位于腰间。双手同时发力，各占50%的力量，目视目标。

教练提示

呈三七步时，左腿弯曲，右腿挺直，右脚脚尖向外展15°～30°，重心落在左腿。

第二十势图❶

第二十势图❷

第二十一势

第二十一势图 ❶　第二十一势图 ❷

第二十一势图1：右脚支撑，左脚脚掌贴着地面向前上半步，呈弓步；同时左手握拳向前伸直，拳心向下，起到拉力的作用，目视前方。

第二十一势图2：紧接着，右手冲拳，击打目标的中段部位；左手握拳贴着身体向后顶肘，拳心向上，位于腰间。双手同时发力，各占50%的力量。

教练提示

冲拳时，腰板挺直，避免肩膀歪斜。

第二十二势

第二十二势图1、图2：右脚支撑，左脚脚掌贴着地面向后直线退步；同时身体向左后转180°，呈三七步。左手握拳，拳心向下，向前伸直；右手掌上举于右肩后方，掌心向外。紧接着，右手掌由后向前内旋转，用手掌的根部击打目标的中段部位；同时左手握拳贴着身体向后顶肘，拳心向上，位于腰间。双手同时发力，各占50%的力量，目视目标。

教练提示

左手掌的指尖与自己的人中部位平行。

第二十二势图 ❶　第二十二势图 ❷

第二十三势

第二十三势图1：两腿保持不变，右手握拳，拳心向下，向前伸直，起到拉力的作用，目视前方。

第二十三势图2：接着，以左脚为支撑，右脚脚掌贴着地面向前上半步，呈弓步。同时左手冲拳；右手握拳，贴着身体向后顶肘，拳心向上，位于腰间。双手同时发力，各占50%的力量。

教练提示

呈弓步时，两脚之间保持一脚半的距离，左脚脚尖向外展15°~30°。

第二十三势图 ❶

第二十三势图 ❷

收势

收势图1、图2、图3、图4：左脚支撑，收回右脚呈开立步；双手握拳在腰带位置，由下向上慢慢放到胸口位置；接着旋转向下，慢慢回到腰带位置，呈准备势。

教练提示

动作不要太快，可以在心中默数8秒。

收势图 ❶

收势图 ❷

收势图 ❸

收势图 ❹

太极七章

太极七章对应八卦中的“艮”。“艮”象征山，有厚重、坚硬之意。太极七章增加了练习难度，一开始就使用虎足步，便于练习者今后能敏捷地使用腿法；另外，加入了拳掌攻击等技术动作，演练时要有强劲的内劲，身法沉稳、动作刚劲，将“山”的形态与精神表现出来。

立正

立正图：双脚靠拢，双手握拳，贴着身体两侧自然下垂，收腹挺胸，目视前方。

教练提示

双脚靠拢，脚趾和脚跟都要靠在一起，双脚中间不要有空隙。

立正图

敬礼

敬礼图：在立正的基础上，腰弯45°、头低30°，手臂与身体一起弯曲。

教练提示

腰弯45°、头低30°后，心里默数2秒再抬头。

敬礼图

准备势

准备势图：在立正的基础上，左脚向左侧跨出一步，两脚脚趾向前；同时双手四指并拢，拇指伸直，由下向上握拳，慢慢提到胸口位置；再向下旋转至双拳位于腰带部位，拳心向内，拳眼相对。整个过程大概需要8秒。双拳与身体之间保持一拳的距离，两拳中间同样保持一拳的距离，双手手臂微微弯曲，双眼平视前方。

教练提示

左脚向左外侧跨一步，两脚之间为一脚的距离，不要过大或过小。在做该动作的过程中，可以在心中默数8秒。

准备势图

第一势

第一势图1： 右脚支撑，身体向左转90°，呈虎足步；两腿弯曲，左脚脚后跟抬离地面3～4厘米，重心落在右脚，膝盖朝前，身体摆正，目视前方。同时左臂伸直，拳心向下，起到拉力的作用；右手向后举起，四指并拢，拇指内屈，紧贴虎口位置，掌心朝外。

第一势图2、图3： 右手向内掌格，手指与下颌平行；左手收于腰带位置，拳心朝上。双手同时发力，各占50%的力量。

第一势图 ❶

第一势图 ❷

第一势图 ❸

教练提示

呈虎足步时，右脚占90%的力量，左脚占10%的力量，重心落在右脚。

第二势

第二势图 ❶

第二势图 ❷

第二势图 ❸

第二势图 ❹

第二势图1、图2： 左脚支撑，右腿屈膝上提；双手握拳，放于右边腰带位置；右脚前踢，脚背绷直，脚趾上勾，用右脚脚掌击打目标的人中部位。

第二势图3、图4： 右脚收回原位，步伐不变，回到虎足步。同时右臂伸直，拳心向下，起到拉力的作用；左手握拳向后平举，拳心朝外。紧接着，左手向内横格，拳心向内；右拳收于腰带位置，拳心朝上。双手同时发力，各占50%的力量，目视前方。

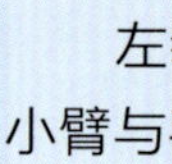

教练提示

左拳向内横格时，小臂与手腕绷成一条直线，左拳与肩膀保持同一水平高度。

第三势

第三势图 ❶

第三势图 ❷

第三势图 ❸

第三势图1：左脚支撑，身体向后转180°，呈右虎足步；右臂伸直，拳心向下，起到拉力的作用；左手向后举起，四指并拢，拇指内屈，紧贴虎口位置，掌心朝外。

第三势图2、图3：左手向内掌格，手指与下颌平行；右手收至腰带位置，拳心朝上。双手同时发力，各占50%的力量，目视前方。

教练提示

手臂向外伸出时，与肩齐平。

第四势

第四势图 ❶

第四势图 ❷

第四势图 ❸

第四势图 ❹

第四势图1、图2： 右脚支撑，左腿屈膝上提；双手握拳，放于左边腰带位置；左脚前踢，脚背绷直，脚趾勾起，用左脚脚掌击打目标的人中部位。

第四势图3、图4、图5： 左脚向后落地，呈三七步。同时左手握拳，向前伸直，拳心向下，起到拉力的作用；右手握拳，举于右肩的后方。紧接着，右手内挡防御，拳心向内；左手握拳贴着身体向后顶肘，拳心向上位于腰间。双手同时发力，各占50%的力量，目视目标。

第四势图 ❺

教练提示

呈三七步时，两脚之间保持一脚的距离，重心落在左脚。

第五势

第五势图1、图2：以右脚为轴，带动左脚，身体向左后转90°，呈三七步。紧接着，双手刀向前横格，击打目标的下段部位。双手同时发力，各占50%的力量，目视目标。

教练提示

左手刀用手掌外侧的软骨部位击打目标，掌心向下；右手刀由后向前平刺，掌心向上，放于腰带位置。

第五势图 1

第五势图 2

第六势

第六势图1：以左脚为轴，右脚脚掌贴着地面向前上步；同时，身体向左后转180°呈三七步。左手掌向后伸直；右手掌贴于左边腰带位置，掌心向内。

第六势图2、图3：右手刀由后向前旋转横格，用手掌外侧的软骨部位击打目标的下段部位，掌心向下；左手由后向前平刺，掌心向上，放于腰带位置。双手同时发力，各占50%的力量，目视目标。

教练提示

右脚向前上步时，左腿要保持弯曲。

第六势图 1

第六势图 2

第六势图 3

第七势

第七势图 ❶

第七势图 ❷

第七势图 ❸

第七势图1：右脚支撑，身体向左后转90°；左脚向左前方上步，呈虎足步。同时，左臂伸直，掌心向下，起到拉力的作用；右手掌向后举起，位于右肩膀的后上方。

第七势图2、图3：紧接着，右手掌由后向前击打；左手掌向下击打，掌心向下，放于右肘下方。双手同时发力，各占50%的力量，目视目标。

教练提示

呈虎足步时，两腿弯曲，左脚脚后跟抬离地面3~4厘米，重心落在右脚。

第八势

第八势图1、图2：两脚保持原地不动，双手由掌变拳，右拳从前方向上伸出，放于左手上方，拳头靠近左肩膀，拳心向内；左拳放在右肘下方。

第八势图3：紧接着，右拳从肩膀位置向前旋转击打，变为外摆拳，拳心向内；双眼目视目标。

教练提示

双手是同时由掌握成拳的。右手外摆拳时，拳头与自己的人中部位保持同一水平高度。

第八势图 ❶

第八势图 ❷

第八势图 ❸

第九势

第九势图1：以左脚为轴，收右脚，身体向右后转180°，呈虎足步。同时右手向前伸直，掌心向下；左手向外举起，放于左肩膀的后上方。

第九势图2、图3：紧接着，左手掌由后向前旋转击打目标；右手掌向下击打，掌心向下，放于左肘下方。双手同时发力，各占50%的力量，目视目标。

第九势图 ❶

第九势图 ❷

第九势图 ❸

教练提示

呈虎足步时，双腿弯曲，右脚脚后跟抬离地面3~4厘米，重心落在左脚。

第十势

第十势图 ❶

第十势图 ❷

第十势图 ❸

第十势图1、图2：两脚保持原地不动，双手同时由掌变拳，左拳从前向后收，放于右手上方，拳头靠近右肩膀位置，拳心向内；右拳放于左肘下方。

第十势图3：紧接着，左拳由肩膀位置向前旋转击打目标，呈外摆拳，拳心向内，目视目标。

教练提示

击出外摆拳时，是用拳背击打目标的人中部位；右拳放于左肘下方，起到托住左手臂的作用。

第十一势

第十一势图 ❶

第十一势图 ❷

第十一势图 ❸

第十一势图 ❹

第十一势图 ❺

第十一势图 ❻

第十一势图1、图2：左脚支撑，身体向左转90°，右脚向左脚靠拢，呈并步；同时双手向上举起，再慢慢落下，放于身体两侧。

第十一势图3、图4、图5、图6：左手由掌变拳，贴于右手掌掌心，从小腹位置慢慢旋转向上，举至胸前；接着双手向前推出，目视前方。

教练提示

整个动作大概需要8秒，注意控制动作的速度。

第十二势

第十二势图 ①

第十二势图 ②

第十二势图 ③

第十二势图 ④

第十二势图1：右脚支撑，左脚脚掌贴着地面向前上步，呈左弓步；双手握拳，手臂交叉，右手在上，左手在下。

第十二势图2、图3：左手臂在外，贴着右手臂由下至上向外旋转格挡；同时右手臂在内，贴着左手臂由上至下向外旋转格挡。双手同时发力，各占50%的力量。

第十二势图4、图5：紧接着，右手臂在外，贴着左手臂由下至上向外旋转格挡；同时左手臂在内贴着右手臂由上至下向外旋转格挡。双手同时发力，各占50%的力量，目视前方。

教练提示

呈左弓步时，左腿弯曲，右腿挺直，右脚脚尖向外展15°~30°，重心落在左脚。

第十二势图 ⑤

第十三势

第十三势图 1

第十三势图 2

第十三势图 3

第十三势图 4

第十三势图 5

第十三势图 6

第十三势图1、图2：左脚支撑，右脚向前上步，呈右弓步；右腿弯曲，左腿挺直，左脚脚尖向外展15°～30°，重心落在右脚。同时双手握拳交叉，左手在外，贴着右手臂由下向上旋转格挡；右手在内，贴着左手臂由上向下旋转格挡。

第十三势图3、图4：紧接着，右手在外，贴着左手臂由下向上旋转格挡；左手在内，贴着右手臂由上向下旋转格挡。

第十三势图5、图6：然后左手在外，贴着右手臂由下向上旋转格挡；右手在内，贴着左手臂由上向下旋转格挡。

教练提示

连续三个格挡都属于铰链形格挡，动作要连贯，双手同时发力，各占50%的力量。在练习该动作过程中，两脚保持原地位置不变，目视前方。

第十四势

第十四势图 ❶

第十四势图 ❷

第十四势图 ❸

第十四势图1：右脚支撑，身体向左后转270°，左脚上步，呈左弓步；左腿弯曲，右腿挺直，右脚脚尖向外展15°~30°，重心落在左脚；同时双手握拳交叉，右拳贴在左肩上，左拳贴在右肩上，拳心向内。

第十四势图2、图3：紧接着，双手同时外挡防御，拳心向外。双手同时发力，各占50%的力量；双拳与肩膀在同一水平高度，目视前方。

教练提示

外挡防御时，两手臂稍微弯曲，并且保持平行，避免出现一只手高、一只手低的情况。

第十五势

第十五势图 ❶

第十五势图 ❷

第十五势图 ❸

第十五势图 ❹

第十五势图1、图2：左脚支撑，右腿屈膝上提，顶击目标的心窝位置；同时双手掌向前伸直，接着由上往下拍打右膝盖部位。

第十五势图3、图4：迅速握拳，放于身体两侧后方，右脚向前跨步落地，重心落在右脚；左脚紧跟右脚的后方上步交叉。两腿弯曲，身体蹲低，呈交叉步。同时双手向内勾拳，击打目标的肋部，目视目标。

教练提示

在双手握拳，向身体两侧的后方摆动前，一定要先由双手掌拍打右膝盖部位。呈交叉步时，左脚脚后跟要抬离地面。

第十六势

第十六势图 1

第十六势图 2

第十六势图1：右脚支撑，左脚向后退步，呈右弓步；同时双手握拳交叉，放于左边腰带位置，右手在上，左手在下。

第十六势图2：向前用十字架低格挡；双手与右腿保持两拳的距离，目视前方。

教练提示

右腿弯曲，左腿挺直，左脚脚尖向外15°～30°，重心落在右脚。

第十七势

第十七势图 1

第十七势图 2

第十七势图 3

第十七势图1、图2：左脚支撑，身体向右后转180°，右脚向前上步，呈右弓步；右腿弯曲，左腿挺直，右脚脚掌向外展15°～30°，重心落在右脚；同时双手握拳，交叉放于胸前，拳心向内。

第十七势图3：紧接着，双手向外旋转格挡，拳心向下。双手同时发力，各占50%的力量，目视前方。

教练提示

双手格挡时，双拳与肩膀保持在同一水平高度。

第十八势

第十八势图 1

第十八势图 2

第十八势图 3

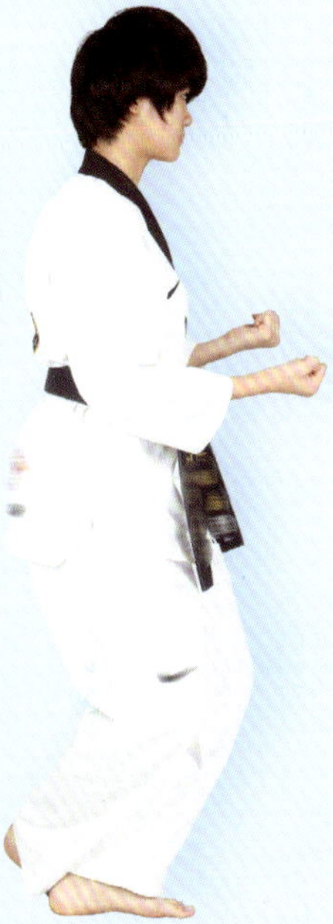

第十八势图 4

第十八势图1、图2：右脚支撑，左脚脚掌蹬地，向前上方顶膝；同时双拳变掌，由上至下拍打左膝盖部位。

第十八势图3、图4：紧接着，左脚向前落地，右脚向左脚靠拢，呈交叉步；双腿弯曲的同时，双手握拳由后向前，贴着身体两侧向前旋转，击打目标的中段部位，拳心向上；双手同时发力，各占50%的力量，目视目标。

教练提示

呈交叉步时，右脚脚后跟抬离地面。

第十九势

第十九势图 1

第十九势图 2

第十九势图1：左脚支撑，右脚脚掌蹬地，贴着地面迅速向后撤一步，呈左弓步；同时双手握拳交叉放于右边腰带位置，左手臂在上，右手臂在下。

第十九势图2：紧接着，双手从右后方向前下方旋转，做十字架格挡，拳心向下。双手同时发力，各占50%的力量，目视目标。

教练提示

左脚支撑时，保持腿弯曲，不能伸直；右脚脚尖向外展15°～30°。

第二十势

第二十势图 1

第二十势图 2

第二十势图 2（正面）

第二十势图1：以右脚为轴，身体向左后转90°，呈前行步。同时双手手臂交叉，左手位于右边腰带位置，拳心向内；右手放于左肩上，拳心向内。

第二十势图2：紧接着，左手由下至上向外旋转击打，呈外摆拳；同时右手握拳贴着身体向后顶肘，放于右边腰带位置，拳心向上。双手同时发力，各占50%的力量，目视目标。

教练提示

两脚之间保持半脚的距离。

第二十一势

第二十一势图 ❶

第二十一势图 ❶（正面）

第二十一势图 ❷

第二十一势图 ❷（正面）

第二十一势图1、图2：以左脚为轴，右腿屈膝上提，以新月踢击打目标的人中部位，脚趾上勾；同时左拳变掌，击打右脚的脚底板。

第二十一势图3：右脚向前落地，身体向左后转90°，呈马步，两脚之间保持一脚的距离；同时右肘从外旋转向内横顶，左手掌向右肘靠拢，起到辅助的作用，目视右前方。

第二十一势图 ❸

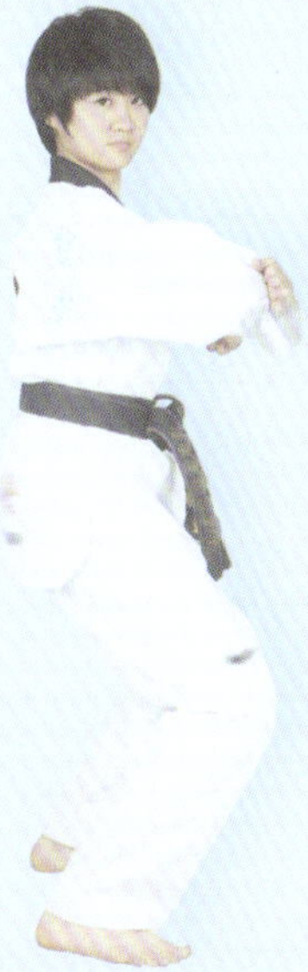

第二十一势图 ❸（正面）

教练提示

新月踢是由外向内，再向上呈弧形踢击目标。整个动作的轨迹像一弯新月。

第二十二势

第二十二势图 ❶

第二十二势图 ❶
（正面）

第二十二势图 ❷

第二十二势图 ❷
（正面）

第二十二势图1、图2：以左脚为轴，带动右脚，身体向右后转90°，呈前行步。同时双手交叉，左拳靠近腰带位置且拳心向内；右拳置于左手上，靠近左肩，拳心向上。紧接着，右手由下至上、向外旋转击打，呈外摆拳，用拳背发力；同时左手握拳贴着身体向后顶肘，拳心向上，位于腰间。双手同时发力，各占50%的力量，目视目标。

教练提示

击出外摆拳时，用拳背击打目标。

第二十三势

第二十三势图 ❶

第二十三势图 ❶
（正面）

第二十三势图 ❷

第二十三势图 ❷
（正面）

第二十三势图1、图2：右脚支撑，左腿屈膝上提，以新月踢击打目标的人中部位；同时右手伸直，由拳变掌击打左脚脚底板。

第二十三势图3：左脚落地的同时身体向右后转90°，呈马步。左肘从外旋转向内横顶；右手掌向左肘靠拢，起辅助的作用。双手同时发力，各占50%的力量，目视目标。

教练提示

呈马步时，两脚之间保持一脚的距离。左肘从外旋转向内横顶，击打目标的心窝部位。

第二十三势图 ❸

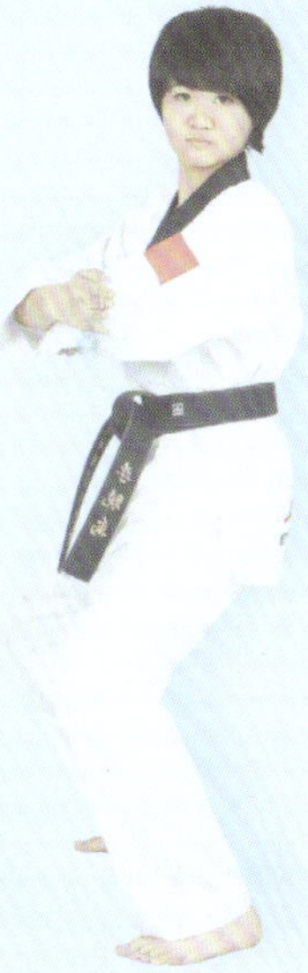
第二十三势图 ❸
（正面）

第二十四势

第二十四势图 ❶

第二十四势图 ❶（正面）

第二十四势图 ❷

第二十四势图 ❷（正面）

第二十四势图1：以右脚为轴，带动左脚，身体向左后转45°，呈三七步。同时双手交叉，左手由拳变掌，放于右边腰带位置，掌心向内；右手由掌变拳放于左肩上，拳心向内。

第二十四势图2、图3：紧接着，左手由下至上，向外横砍目标的中段部位；右手同时贴着身体向后顶肘，拳心向上，位于腰间。双手同时发力，各占50%的力量，目视目标。

教练提示

单手刀的手指与自己的人中部位在同一水平高度。

第二十四势图 ❸

第二十四势图 ❸（正面）

第二十五势

第二十五势图 ❶

第二十五势图 ❶
（正面）

第二十五势图 ❷

第二十五势图 ❷
（正面）

第二十五势图1、图2： 以左脚为轴，带动右脚，右脚脚掌贴着地面向前直线上步，身体向左后旋转180° ，呈马步。右手握拳，放于右边腰带位置；左手由掌变拳，向前伸直，拳心向下，起到拉力的作用。

第二十五势图3： 紧接着，右拳从腰带位置向前旋转，击打目标并发声音“耶”，拳心向下；同时左手贴着身体向后顶肘，拳心向上，位于腰间。双手同时发力，各占50%的力量，目视右前方。

第二十五势图 ❸

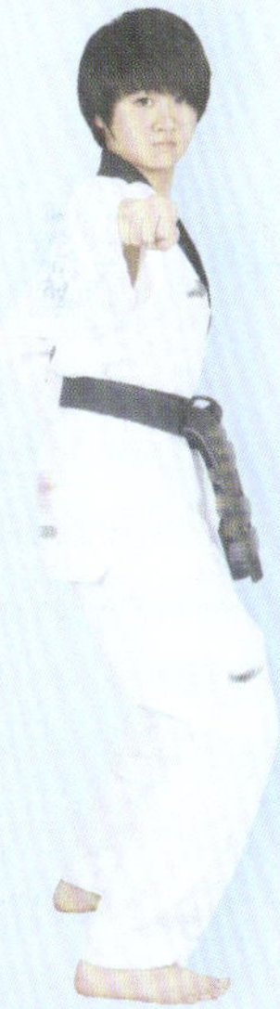

第二十五势图 ❸
（正面）

教练提示

呈马步时，两脚之间保持一脚的距离。右拳击打目标的中段部位时，发出的声音要洪亮、有力。

收势

收势图 ❶

收势图 ❷

收势图 ❸

收势图 ❹

收势图1、图2、图3、图4：以右脚为轴，收左脚，身体向左后转90°，呈开立步；双手握拳，由下向上到胸口位置，再旋转向下至腰带位置，呈准备势。过程大概需要8秒。

教练提示

动作不要太快，可以在心中默数8秒。

太极八章

太极八章对应八卦中的“坤”。“坤”代表着地，大地为万物生长之根源，也是人类生存的依靠。太极八章增加了跳踢、山型防、交叉步等动作，整个套路动作的重复性减少，结构紧凑、严密，难度比前面七章都大。

太极八章是初学者准备升入黑带的过渡时期需要掌握的品势。练习者在掌握品势的同时，还需要培养自己厚德载物的精神。

立正

立正图： 双脚靠拢，双手握拳，贴着身体两侧自然下垂，收腹挺胸，目视前方。

教练提示

双脚靠拢，脚趾和脚跟都要靠在一起，双脚中间不要有空隙。

立正图

敬礼

敬礼图

敬礼图： 在立正的基础上，腰弯45°、头低30°，手臂与身体一起弯曲。

教练提示

腰弯45°、头低30°后，心里默数2秒再抬头。

准备势

准备势图： 在立正的基础上，左脚向左侧跨出一步，两脚脚趾向前；同时双手四指并拢，拇指伸直，由下向上握拳，慢慢提到胸口位置；再向下旋转双拳至腰带部位，拳心向内，拳眼相对。整个过程大概需要8秒。双拳与身体之间保持一拳的距离，两拳中间同样保持一拳的距离，两手臂微微弯曲，双眼平视前方。

教练提示

左脚向左外侧跨一步，两脚之间为一脚的距离，不要过大或过小。在做该动作的过程中，可以在心中默数8秒。

准备势图

第一势

第一势图 ❶ 第一势图 ❷ 第一势图 ❸ 第一势图 ❹

第一势图1、图2： 右脚支撑，左脚向前上步，呈右后三七步，右脚打横，左脚竖起，两脚之间保持一个脚半的距离。双手由后向前摆高，左拳与肩膀平行，拳心朝下；右拳置于胸口位置。

第一势图3、图4： 左脚向前跨半脚的距离，变成左弓步；同时左臂伸直，拳心向下，起到拉力的作用。紧跟着，右手冲拳，拳心朝下，击打目标的中段部位；左拳收于腰带位置，拳心朝上。双手同时发力，各占50%的力量，日视日标。

教练提示

左腿弯曲，右腿挺直，右脚脚尖向外展15°～30°，重心落在左脚。

第二势

第二势图 ❶ 第二势图 ❷ 第二势图 ❸ 第二势图 ❹

第二势图 5

第二势图 6

第二势图 7

第二势图 8

第二势图1、图2：左脚支撑，右腿屈膝上提；双手握拳，放于右边腰带位置；右脚前踢，脚背绷直，脚趾上勾，用右脚脚掌击打目标。

第二势图3、图4：右脚下落的同时，左脚脚掌蹬地，迅速向前上弹踢，呈二段踢；脚背绷直，脚趾上勾，用左脚脚掌击打目标。

第二势图5：右脚先落地，紧接着，左脚向前落地，呈弓步。同时，右手握拳，向前伸直，拳心向下；左手握拳位于左肩膀后侧，拳心向外。

第二势图6、图7、图8、图9：左手内挡防御，右手贴着身体向后顶肘，拳心向上，位于腰间。紧接着，左手握拳，向前伸直，拳心向下；右拳从腰带位置向前旋转冲拳，拳心向下。同时左手贴着身体向后顶肘，拳心向上，位于腰间。紧接着，用同样的方法，左手冲拳，拳心向下；右拳收至腰带位置。双手同时发力，各占50%的力量，目视目标。

第二势图 9

教练提示

二段踢是在空中完成换脚，踢法属于前踢，落地时注意保持身体的稳定。二段踢完成后，紧接着，是两次连续冲拳。

第三势

第三势图 1

第三势图 2

第三势图 3

第三势图 4

第三势图1、图2：左脚支撑，右脚向前上步，呈右弓步；同时保持左手向前伸直、右拳放在腰带位置的状态。

第三势图3、图4：紧接着，右手冲拳，击打目标的中段部位，拳心向下；左拳收于腰带位置，拳心向上。双手同时发力，各占50%的力量，目视前方。

教练提示

呈右弓步时，右腿弯曲，左腿挺直，左脚脚尖向外展15°～30°，重心落在右脚。

第四势

第四势图 1

第四势图 2

第四势图1：以右脚为轴，带动左脚，身体向左后转180°，呈斜弓步；同时双手握拳，手臂交叉，左手臂在内、右手臂在外。

第四势图2：紧接着，右手臂贴着左手臂向外旋转，做上段格挡；同时，左手臂贴着右手臂由上至下向外，做下段格挡。双手同时发力，各占50%的力量。

教练提示

双手分别格挡时，双眼先看向右上方，再看向左后方。

第五势

第五势图 ❷

第五势图 ❶

第五势图 ❸

第五势图1：以两脚脚掌为轴，身体向左后转180°，呈左弓步。同时右手由上往下，放于腰带位置，拳心向下；左手由下至上，放于胸前，拳心向下。

第五势图2、图3：紧接着，右手慢慢旋转向上，做勾拳状，拳心向内，大概8秒；同时左拳横放于右手臂位置，过程大概8秒。双手同时发力，各占50%的力量，目视目标。

教练提示

身体向左后转的同时要扭腰转胯；呈左弓步时，左腿弯曲，右腿挺直，右脚脚尖向外展15°~30°，重心落在左脚。

第六势

第六势图1、图2：右脚支撑，动左脚，左脚脚掌贴着地面，向右脚的后方交叉上步。紧接着，左脚支撑，带动右脚，右脚脚掌贴着地面向后退一步，身体向右后转45°，呈斜弓步。同时，双手握拳，手臂交叉，右手臂在内，左手臂在外。

第六势图3：紧接着，右手臂贴着左手臂由上至下向外，做下段格挡；同时，左手臂贴着右手臂向外旋转，做上段格挡。双手同时发力，双手臂各占50%的力量。

第六势图 ❶

第六势图 ❸

第六势图 ❷

教练提示

左手做上段格挡，右手做下段格挡，双眼看向身体右侧后下方的位置。

第七势

第七势图1： 以两脚脚掌为轴，身体向右后转135°，呈右弓步；同时左手由上至下，放在腰带位置，拳心向下；右手由下向上，平放至胸口位置，拳心向下。

第七势图2、图3： 紧接着，左手旋转慢慢向上勾拳，拳心向内；同时右手旋转至左臂位置。此过程大概需要8秒。双手同时发力，各占50%的力量，目视目标。

第七势图 2

第七势图 1

第七势图 3

教练提示

呈右弓步时，右腿弯曲，左腿挺直，左脚脚尖外展15°~30°，重心落在右脚。上勾拳与肩膀保持同一水平高度。

第八势

第八势图1： 以左脚为轴，带动右脚，身体向左后转90°，呈三七步。同时，左手掌放于右边腰带位置，掌心向内；右手掌向后伸直，拳心向内。

第八势图2、图3： 左手外旋转，由后向前横砍，掌心向前方倾斜45°，用手掌外侧的软骨部位击打目标；右手由后向前平刺，掌心向上，位于心窝部位。双手同时发力，各占50%的力量，目视目标。

第八势图 1

第八势图 3

第八势图 2

教练提示

左手刀向前横砍时，手指与自己的人中部位在同一水平高度。

第九势

第九势图 ❶

第九势图 ❷

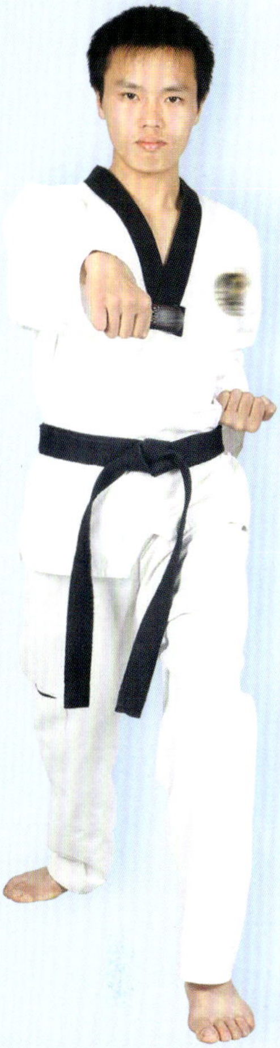

第九势图 ❸

第九势图1：右脚支撑，左脚向前跨半步，呈左弓步；同时左手握拳，拳心向下，向前伸直，起到拉力的作用；右手握拳放于腰带位置。

第九势图2、图3：紧接着，右手冲拳，击打目标的中段部位，拳心朝下；左拳收于腰带位置，拳心朝上。双手同时发力，各占50%的力量，目视目标。

教练提示

左腿弯曲，右腿挺直，右脚脚尖向外展15°～30°，重心落在左脚。冲拳时，避免肩膀歪斜。

第十势

第十势图 1

第十势图 2

第十势图 3

第十势图 4

第十势图 5

第十势图 6

第十势图1、图2、图3：左脚支撑，右脚脚掌蹬地，迅速提膝；双手握拳，位于右边腰带位置；右脚前踢，接着右脚向后落地，呈实战姿势。

第十势图4、图5、图6：右脚支撑，左脚脚掌贴着地面向后退一步，身体向左后转180°，呈相反的实战姿势。紧接着，以左脚支撑，右脚向后收半步，呈虎足步。同时左手握拳，向前伸直，拳心向下；右手掌举起，放于右肩膀后侧，掌心向外。右手掌由后向前旋转击打；同时左手握拳贴着身体向后顶肘，拳心向上，位于腰间。双手同时发力，各占50%的力量，目视目标。

教练提示

呈虎足步时，两腿屈膝下蹲，右脚脚后跟抬离地面3～5厘米，重心落在左脚。

第十一势

第十一势图 ❶

第十一势图 ❷

第十一势图 ❸

第十一势图1：以右脚为轴，带动左脚，身体向左后转45°。同时左手掌放于右边腰带位置，掌心向内；右手掌向后伸直，掌心向内，呈虎足步双手刀。

第十一势图2、图3：左手刀由后向前旋转横砍，掌心向前倾斜45°，用手掌外侧的软骨部位击打目标；右手刀由后向前平刺，掌心向上，位于心窝部位。双手同时发力，各占50%的力量，目视目标。

教练提示

呈虎足步时，两腿屈膝下蹲，左脚脚后跟抬离地面3～5厘米，重心落在右脚。左手刀向前横砍时，手指与自己的人中部位在同一水平高度。

第十二势

第十二势图 ❶

第十二势图 ❷

第十二势图 ❸

第十二势图 ❹

第十二势图1、图2：右脚支撑，左腿屈膝上提；双手握拳，放于左边腰带位置；左脚前踢，脚背绷直，脚趾上勾，用左脚脚掌击打目标的人中部位。

第十二势图3、图4：左脚向前方落地，呈左弓步。同时左手握拳向前伸直，拳心向下；右手握拳，位于腰间，拳心向上。紧接着，右手冲拳，左拳收于腰带位置。双手同时发力，各占50%的力量，目视目标。

教练提示

呈左弓步时，左腿弯曲，右腿挺直，右脚脚尖向外展15°～30°，重心落在左脚。

第十三势

第十三势图 1　第十三势图 2　第十三势图 3

第十三势图1：右脚支撑，左脚脚掌贴着地面向后收半步，呈左虎足步；右手握拳，向前伸直；左手由拳变掌举起，放于左肩后方，掌心向外。

第十三势图2、图3：紧接着，左手刀由后向前旋转，击打目标的中段部位；同时右手握拳贴着身体向后顶肘，拳心向上，位于腰间。双手同时发力，各占50%的力量，目视目标。

教练提示

左手由拳变掌，四指并拢，拇指内屈，紧贴虎口位置，即为左手刀。

第十四势

第十四势图1、图2：以左脚为轴，带动右脚，身体向左后转180°，呈右虎足步。右手刀位于左边腰带位置；左手刀向后伸直，掌心向内。

第十四势图3：紧接着，右手刀由后向前旋转横砍，掌心向前倾斜45°，用手掌外侧的软骨部位击打目标；左手刀由后向前平刺，掌心向上，位于心窝部位。双手同时发力，各占50%的力量，目视目标。

第十四势图 1　第十四势图 2　第十四势图 3

教练提示

呈右虎足步时，右脚脚后跟抬离地面3～5厘米；右手刀向前横砍时，手指与自己的人中部位在同一水平高度。

第十五势

第十五势图 ❶

第十五势图 ❷

第十五势图 ❸

第十五势图 ❹

第十五势图1、图2：左脚支撑，右腿屈膝上提；双手握拳，放于右边腰带位置；右脚前踢，脚背绷直，脚趾上勾，用右脚脚掌击打目标的人中部位。

第十五势图3、图4：右脚向前方落地，呈右弓步；右臂伸直，拳心向下，起到拉力的作用，左拳放于腰带位置，拳心向上。紧接着，左手冲拳，拳心向下，击打目标的中段部位；右拳收至腰带位置，拳心向上。双手同时发力，各占50%的力量，目视目标。

教练提示

呈右弓步时，右腿弯曲，左腿挺直，左脚脚尖向外展15°～30°，重心落在右脚。

第十六势

第十六势图1：左脚支撑，右脚脚掌贴着地面向后收半步，呈右虎足步。同时左手握拳，向前伸直，右手刀向外举起，放于右肩后方，掌心向外。

第十六势图2、图3：紧接着，右手刀由后向前旋转，击打目标的中段部位；同时左手握拳，贴着身体向后顶肘，拳心向上，位于腰间。双手同时发力，各占50%的力量，目视目标。

第十六势图 ❶

第十六势图 ❷

教练提示

呈右虎足步时，右脚脚后跟抬离地面3～5厘米；右手刀向前格挡时，手指与自己的下颌位置平行。

第十六势图 ❸

第十七势

第十七势图 ❶

第十七势图 ❶（正面）

第十七势图 ❷

第十七势图 ❷（正面）

第十七势图1：左脚支撑，身体向右后转135°，右脚上步，成左后三七步；同时双手握拳，左手向后伸直，右拳放于胸口位置。

第十七势图2：紧接着，双手同时向前格挡，呈格斗式，即实战姿势。双手同时发力，各占50%的力量，目视目标。

教练提示

呈左后三七步时，两腿弯曲，左脚打横，右脚竖直，两脚之间保持半脚的距离。

第十八势

第十八势图 ❶

第十八势图 ❷

第十八势图 ❸

第十八势图 ❹

第十八势图 ❺

第十八势图 ❶（正面）

第十八势图 ❷（正面）

第十八势图 ❸（正面）

第十八势图 ❹（正面）

第十八势图 ❺（正面）

第十八势图 6

第十八势图 6
（正面）

第十八势图 7

第十八势图 7
（正面）

第十八势图 8

第十八势图 8
（正面）

第十八势图 9

第十八势图 9
（正面）

第十八势图1、图2、图3、图4：右脚支撑，左腿屈膝上提；双手握拳，放于左边腰带位置。左脚前踢，脚背绷直，脚趾上勾，用左脚脚掌击打目标；在左脚落地前，右脚迅速蹬地，起跳前踢，成二段踢，同时发出声音“耶”。

第十八势图5：左脚先落地，紧接着，右脚向前落地，呈右弓步。同时左手握拳，向前伸直，拳心向下，起到拉力的作用；右手握拳，位于肩膀后侧，拳心向外。

第十八势图6、图7、图8、图9：右手内挡防御，同时左拳收于腰带位置，拳心向上。紧接着，右手握拳，向前伸直，拳心向下。左拳从腰带位置向前旋转冲拳，拳心向下；同时右拳收至腰带位置，拳心向上；再接着右手冲拳，拳心向下；左拳收至腰带位置，拳心向上。双手同时发力，各占50%的力量，目视目标。

教练提示

进行二段踢时，左右腿在空中完成换脚，分别前踢。左右手接连冲拳时，动作要连贯，避免肩膀歪斜。

第十九势

第十九势图 ❶

第十九势图 ❷

第十九势图 ❸

第十九势图1：以右脚为轴，带动左脚，身体向左后转225°，呈右后三七步。双手交叉，左手由拳变手刀，放于右侧腰间；右手握拳，位于左肩上。

第十九势图2、图3：紧接着，左手刀由后向前横砍；同时右拳贴着身体向后顶肘，拳心向上，位于腰间。双手同时发力，各占50%的力量，目视目标。

教练提示

呈右后三七步时，左腿竖起，右腿打横，两脚之间保持半脚的距离；左手刀横砍时，左手掌心向右前方倾斜45°。

第二十势

第二十势图 ❶

第二十势图 ❷

第二十势图 ❸

第二十势图 ❹

第二十势图1：右脚支撑，左脚向前跨半步，呈左弓步。同时左手握拳，向前伸直，拳心向下；右手握拳，位于腰间，拳心向上。

第二十势图2、图3、图4：右手臂向内收紧，由下向上，以肘部击打目标的下颌位置；同时左拳收于腰带位置，拳心朝上。紧接着，右拳由胸口位置向前旋转，呈外摆拳，用拳背击打目标的人中部位，目视目标。

教练提示

呈左弓步时，左腿弯曲，右腿挺直，右脚脚尖向外展15°～30°，重心落在左脚。

第二十一势

第二十一势图 1

第二十一势图 2

第二十一势图 3

第二十一势图1：两脚保持原地不动，右手握拳，向前伸直，拳心向下，起到拉力的作用；左手握拳放于腰带位置。

第二十一势图2、图3：紧接着，左手冲拳，拳心向下，击打目标的中段部位；右拳收于腰带位置，拳心向上。双手同时发力，各占50%的力量，目视目标。

教练提示

左手冲拳时，身体面向右前方45°。

第二十二势

第二十二势图1：左脚支撑，身体向右后转180°，右脚向前上步，呈虎足步。同时双手交叉，右手由拳变手刀，放于左边腰带位置；左手握拳，放于右肩上。

第二十二势图2、图3：右手刀由后向前横格，手指与自己的人中部位平行；左拳收至腰带位置，拳心向上，目视右前方。

第二十二势图 1

第二十二势图 2

第二十二势图 3

教练提示

呈虎足步时，两脚之间保持半脚的距离，身体面向右前方45°。

第二十三势

第二十三势图 ❶

第二十三势图 ❷

第二十三势图 ❸

第二十三势图1：左脚支撑，右脚向前跨半步，同时身体向右后转45°，呈右弓步。右手握拳，向前伸直，拳心向下；左手握拳，位于腰带位置，拳心向上。

第二十三势图2、图3：紧接着，左肘由后向前上方横顶；右手握拳贴着身体向后顶肘，拳心向上，位于腰间。左拳由胸口位置向外旋转，呈外摆拳，以拳背击打目标的人中部位，目视目标。

教练提示

左肘向前上方横顶时，是以肘尖击打目标的下颌部位。

第二十四势

第二十四势图1：两脚保持原地不动，左手握拳，向前伸直，拳心向下，起到拉力的作用；右拳放于腰带位置。

第二十四势图2：紧接着，右手冲拳，拳心向下，击打目标的中段部位；同时左拳收至腰带位置，拳心朝上。双手同时发力，各占50%的力量，目视目标。

第二十四势图 ❶

第二十四势图 ❷

教练提示

右手冲拳时，身体面向右前方45°。

收势

收势图 ❶

收势图 ❷

收势图 ❸

收势图 ❹

收势图1、图2、图3、图4：以右脚为轴，收左脚，身体向左后转45°，呈开立步；双手握拳在腰带位置，由下向上慢慢提到胸口位置；接着旋转，向下慢慢回到腰带位置，呈准备势。

教练提示

动作不要太快，可以在心中默数8秒。

第五章

跆拳道的实战技巧

精彩的实战表演

以下是一组跆拳道的双人竞技实战表演。

立正图

敬礼图

动作要点

两名学员各自穿好整套护具上场，听从裁判员的口令，运用自己所学的腿法与步法等进行切磋，以获取的点分来分出胜负。用脚踝以下部位（如脚背、脚掌等）向对手腰带以上部位正确地击打，才能有效得分，对腰带以下部位的击打则属于违规动作。在拳法的运用上，除了用直拳击打护甲有机会得分，其他拳法的击打是无效的，而且任何拳法都不能击打护甲以外的身体部位。

得分要点

头部得分点：头部除后脑勺外，其他部位算有效得分点。

护甲得分点：除手臂防守外，击打护甲的其他部位都是有效得分点。

得分常用腿法：例如，横踢、下劈、后踢、360° 转身横踢、双飞踢与后旋踢等。

教练提示

在竞技比赛的前后，双方都要相互敬礼。在比赛过程中，应控制好动作力度，得分即可。不能蓄意伤害对手，一定要听从裁判员的口令。

准备图

实战图 ❶

实战图 ❷

实战图 ❸

实战图 ❹

实战图 5

实战图 6

实战图 7

实战图 8

实战图 9

实战图 10

实战图 11

实战图 12

实战图 13

实战图 14

实战图 15

实战图 16

结束礼仪图 1

结束礼仪图 2

跆拳道功力的练就方法

看过跆拳道击破表演的人，会见到训练有素的跆拳道练习者击断几厘米厚的木板，击碎坚硬的砖瓦、石块等。这些对常人来说不可思议的事，他们做起来却是那么轻松自如。击破能力，增加了跆拳道的神秘色彩和吸引力。

事实证明，经过长期、科学和合理的专门训练，可使人体的手、脚、头、肘、膝等劲力充沛，远超常人。下面就练习击破的几个问题加以说明。

1. 循序渐进，持之以恒

击破能力，必须经过长期的正确练习才能获得。开始先击打较轻的物品(如加有软垫的靶子)，使得击打的接触部位(如拳面)能够忍受。不断练习，使之逐渐适应。等到用全力击打而拳面没有不良感觉时，再撤掉一部分软垫进行练习，渐渐就能用拳面击打较硬的物体，如砖、瓦、木板等，这时就可以试着测验你的击破能力了。当能打断一块木板而自身安然无恙时，你会感到异常喜悦和自信。

击破练习对人的意志力是很好的锻炼和考验。急于求成，会造成筋骨受损；不能持之以恒，将会半途而废。

做击破练习时，还要注意做好热身运动和练习后的整理活动。

2. 身心合一

在做击破练习或表演时，必须全神贯注，使身心合为一体，这样才能使人体的潜力全部发挥出来。精神力量是肉眼看不见的，但它确实能发挥意想不到的作用。当具备击破两块砖头的实力时，如果精神力量应用不好，不能做到身心合一，你的试验和表演就很可能失败。所以，精神因素不容忽视。

利用内在的精神力量的方法，一个是想象物体(被击物)很容易被击破；二是想象自己的击打无坚不摧；三是想象自己强大的攻击力快速击穿物体。

身心合一的关键在于排除杂念，使身体和精神全部集中在击破物体上。进行击破表演时要这样做，在平时的练习中，也必须一丝不苟，以养成集中精力的良好习惯。

3. 掌握击破窍门

想要获得击破能力，光有热情是不够的。不懂得击破的窍门，表演或试验会显得很笨拙，而且容易失败。所以，练习者要不断学习钻研，多向有经验的高手请教。当然，这种窍门的使用是有限度的，根本因素在于自身的实际功力。

下面介绍一些须知的窍门以供参考。

◎容易击破的物质特征

（1）欲击破的物体，在强度和密度相同时，细长者容易被击破。

（2）木板。最易被击破的是顺纹理的

方向短，而垂直于纹理的方向长的长方形木板。木纹杂乱交叉的不易被击破。

(3) 瓦片。要选择质地均匀、表面平整的。

(4) 石块。色泽较黑、重量大的密度较大，不易被击破。长而薄、较轻的石块易被击破。

◎击打时的发力方法

击破成功，依赖于快速有力地击打，就要发挥出全身所有的速度和力量。下面以用拳击破为例说明。

(1) 增加挥臂出拳的距离。

(2) 力量要由腿部传递到腰部，再抵达臂部，然后传至拳面或拳轮，不能只用上肢的力量。

(3) 击打的方向要和击破物垂直。

(4) 击打的力点要在被击物体的两个支点中间。

跆拳道的实战魅力

跆拳道源于朝鲜半岛，在其发展的过程中与中国武术、日本空手道等多种徒手攻防搏击术融合，最后形成以脚为主、以拳为辅的拳打脚踢竞技运动。在众多的功夫中，跆拳道主要讲究腿上功夫，有“腿击术王中王”的美称。跆拳道以腿势迅猛、动作干净利落脱颖而出。跆拳道动作十分潇洒，练起来动感十足，具有独特的魅力。

1. 手是两扇门，全凭脚打人

跆拳道以灵活、变幻莫测、腿技精美闻名于世，动作简练、直接、威猛、实用，力求在最有效的距离内，用最快的速度，给予对方致命一击。故此，有人将跆拳道比喻为“无武装的自卫术”。跆拳道的腰腿功夫堪称一绝。其理论认为，在人体四肢中，脚力强于手力，击打范围广，攻击距离更远、威力更大，故腿法成了跆拳道训练的重点，占整个技术内容的70%左右。奥运会采用的“竞技跆拳道”就是以腿法为主要的攻击形式和得分手段，腿法在比赛中使用率达95%。因而，有人把跆拳道誉为“腿的艺术”。

2. 注重内劲，以刚为主

无论是跆拳道品势还是实战，都要求动作用“内劲”，即在人的肢体构成各种跆拳道动作时，躯干、肢体的肌肉处于一种自然的紧张状态，从而使动作显示充实的内在劲力。竞技跆拳道在实战进攻时，主要采用连续性的直线进攻，以快速连贯的组合腿法攻击对方，使对方防不胜防。在防守时，极少采用躲闪防守，而多以格挡防守，以刚为主，以刚克刚。

3. 击破为主，迅猛搏击

一位训练有素的跆拳道选手，无论是在心理上还是生理上，都具备相当高的防卫能力，可以在一般站立情况下，突然发动腿部攻击，运用各种蹴技（腿法）击打对手。进攻时，多采用快速连贯的组合腿法击打对手，尤其善用腾空腿击与旋转腿

击等高难度腿法，攻击目标主要是对方的头部。腿法起动尽量走直线，速度快、命中率高、攻势凌厉、杀伤力强，使人防不胜防。

真实的实战，一般人很难达到“一击必杀”的功力（高手另当别论）。因此，必须以快速连击技法弥补功力的不足，不给对手以喘息之机。尤其是单手的连击更加重要。跆拳道就是以闪化即进为主，稍微闪开即必须进身进入我方攻击范围，才不会错失战机。真正发力则全身无一处不参与运动，先人谓之发力状态“如忽然间火星烁肤之状”，即惊起四梢之体现。

“出手软如绵，着实硬似铁”或“如绵裹铁”之语，皆指以柔惑敌实则刚发，一击必杀，不给敌有可乘之机。而跆拳道就是讲究连击快攻，闪化即进，其脚手的力量都有钻入穿透之劲、一击必杀之效。

4. 头脑敏捷，防身自卫

跆拳道运动是直接与对手接触对抗、较技斗力、攻防一体的运动。参与者在充分运用攻防技法的同时，也必然提高人体神经系统的灵活性和反应能力，以及各种运动素质，增强击打和反击打能力，在实践中自然掌握实用技击术和防身自卫的本领。

5. 强调声势，发声扬威

无论是品势还是竞赛跆拳道，都要求在气势上给人以威严，多以发出洪亮并带有威慑力的声音来显示自己的气势。尤其是在竞技跆拳道比赛中，双方运动员都是以规则允许的发声来提高自己的斗志，借以在气势上压倒对手；甚至在出击时配合击打效果，使裁判认可，争取先在心理上战胜对手。所以跆拳道练习者都要进行专门的发声练习。

6. 功力测验，方法独特

功力测验分“威力”与“特技”两种，是跆拳道训练、表演、晋级、比赛的重要内容。因为跆拳道具有令人生畏的杀伤力，如在比赛中直接作用在对手身上，会给运动员造成伤害，故以砖瓦或木板等物体为目标，让选手用规定动作击碎、击破，以检验选手的功力。这种独特的方法成为跆拳道的固有特点之一。

跆拳道中的身体攻防要害

1. 人体主要攻击部位

◎拳头

拳头是手的基本攻击部位，能产生多种变化。其中背拳主要用于攻击对方的脸部、肋部；锤拳主要用于攻击对方的脸部、肾部。

拳头

◎掌、指

手刀主要用于砍击对方的颈侧动脉；手背刀除了用于砍击对方的颈侧动脉，还可以顺着对方腿的内侧进攻对方的裆部；手背则主要用于弹击对方的鼻梁、眼睛。

掌、指

◎手臂

肘主要用于近战时攻击对方颈部、胸部、肋部、后脑、背部等；手腕主要用于防守。

手臂

◎腿部

腿部是跆拳道中最主要的攻击部位。如膝主要用于近战时，攻击对方的腹部、肋、肾、下颌等部位；脚尖主要用于踢击对方的裆部、下颌；脚背主要用于横踢时，对对方的躯干、头部进行攻击，也可用于攻击对方的裆部、腿部。

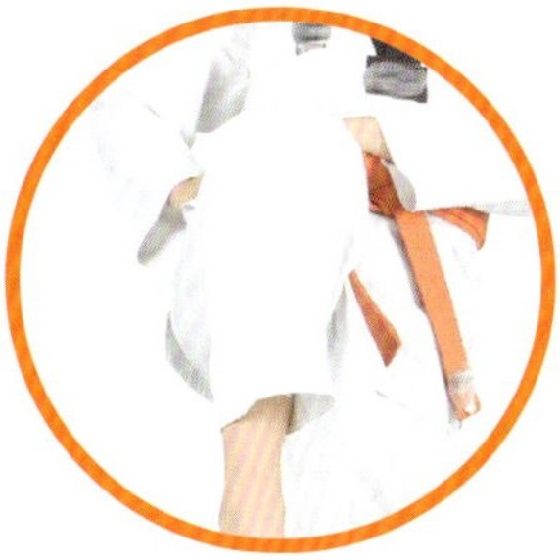

腿部

2. 人体防守要害部位

◎咽喉

咽喉（喉结下部）被指尖戳到，会引起猛烈的咳嗽，甚至窒息。

◎**喉结**

喉结被攻击，可能危及生命。

◎**眼睛**

眼睛是头部最脆弱的地方，受到攻击后会使人失去战斗力。徒手搏击时，封眼是很重要的一环。

◎**太阳穴**

主要是防备对方用手刀砍或用肘尖猛击。

◎**耳**

耳部受到掌击，轻者耳内出血，重者毙命。

◎**鼻梁**

鼻梁受到攻击，轻者鼻孔出血，重者鼻骨骨折，同时也会使人斗志大减。

◎**下颌**

主要是防备对方使用掌根向上的猛击。

◎**锁骨**

主要是防备对方用肘尖下砸锁骨。锁骨一旦骨折，将造成整个肩部无法动弹。

◎**心窝**

主要是防备对方用脚后跟推踢、后踢，或者用贯手戳击。

◎**肋部**

主要是防备对方用横踢、侧踢、直拳、勾拳、膝关节等，对此部位进行进攻。

◎**腋窝**

主要是防备对方以掌为进攻部位的戳击。

◎**腹部**

主要是防备对方用直拳、勾拳、脚尖、膝关节等，对此部位进行进攻。

◎**腰部（肾脏）**

主要是防备对方对肾脏部位的攻击。此处受到击打，必须进行医疗救护。

◎**脊椎**

脊椎受到攻击，轻者会造成关节脱位，重者会造成关节折断，甚至死亡。

◎**裆部**

裆部是下身最重要的器官。实战时，要注意对方用手背撩击、用手抓、用膝顶等。